文史钩沉录

李遵厚 著

吉林文史出版社
JILINWENSHICHUBANSHE

图书在版编目(CIP)数据

文史钩沉录 / 李遵厚著. — 长春:吉林文史出版
社, 2020.10
ISBN 978-7-5472-7223-7

Ⅰ.①文… Ⅱ.①李… Ⅲ.①文史-中国-文集
Ⅳ.①C52

中国版本图书馆 CIP 数据核字(2020)第 196431 号

文史钩沉录

WENSHIGOUCHENLU

著者/李遵厚

责任编辑/王新

封面设计/力扬文化

印装/成都兴怡包装装潢有限公司

开本/787mm×1092mm　1/16

字数/240 千字

印张/12

版次/2020 年 10 月第 1 版　2020 年 10 月第 1 次印刷

出版发行/吉林文史出版社 (长春市净月区福祉大路 5788 号　龙腾国际大厦 A 座)

www.jlws.com.cn

书号/ISBN 978-7-5472-7223-7

定价/40.00 元

人有精神常青

　　李遵厚先生的望江斋三部曲之三《文史钩沉录》即将付梓，嘱我写篇序言，真愧不敢当。

　　先生是我的老师辈，一生从事中等教育和科研，在武汉市 23 中、32中、墨水湖中学等学校教语文，历任教研组长、校工会主席、教导主任，是武汉中教一代名师。

　　先生以"严师"著称，讲语文结合文史，厘清前因后果、来龙去脉；讲课文有时从注解开篇，有时又从结尾切入；教法讲究篇章结构、逻辑分析；注重启发教育，强调动手能力。学生喜欢听他的课，又有几分惧怕他。因为先生仪表堂堂、举止儒雅，眉宇间透着威严和睿智，是学生心目中那种标准的老师形象。

　　其实，先生宽严有道，内心充满对学生的爱。武汉 32 中 69 届的学生上山下乡到远安插队，他和校方亲自护送，从武汉乘船，一直细心把学生安顿好后才返汉。他现在还记得轮船开航的日期、轮船号、轮船开时家长的顿足痛哭、学生的含泪强笑这些细节。后又一直惦记哪些学生抽回武汉，哪些抽到当地，他们的工作生活状况。在武汉 23 中教书时有位困难学生交不起补课费，他默默从自己不高的工资中抽出一些资助。先生教书育人 35年，可谓桃李满门，但从不因这些找学生和家长开个什么口、办个什么事，一生刚直不阿、两袖清风。

先生退休后一直住汉阳望江花园，取名"望江斋"，笔耕不辍，一发不可收。我几次到先生家拜访，其都在伏案写作。桌子不大，但窗户宽大，广角江景尽收望江斋，使他回忆撰写历史地理、名人轶事、寻常巷陌、旅游随笔来，才思泉涌、手不停挥、纵横驰骋。

我看到先生家一大叠国内各种文史杂志，数了数就有 80 多本，刊登了先生退休后撰写的专题文章，约五十万余字。80 岁高龄时仍老骥伏枥、宝刀生华，又前后出版《武汉琐忆》《荆楚轶事录》两部专著，90 余万字，说古论今，洋洋洒洒，在武汉文史界影响广泛。

先生的家庭和顺，子女成家立业，他完全可以不必这么辛苦，应静下来含饴弄孙、颐养天年。先生前半辈子教书，后半辈子又写书，教书、写书成了他生活的全部。其实他的写书同教书一样，也是一种教育的传承方式，实质还是在恪守他教书育人的本分。他要把自己的所见、所闻、所思记录下来，他总说这是一种社会责任，为下一代留下精神文明。他坚守、笃信："人生百年，书传万代"的真理。

先生住的望江花园无电梯，6 楼 136 级台阶爬了 25 年。他先后中风四次，仍以顽强的毅力坚持这种责任的持续。先生在人文朋友圈中德高望重，是大家尊敬的师长。他总是拄着拐杖，身体力行参加各种人文社团公益活动。他常强调写文史的人要有正能量，用一种健康、积极、快乐、向上的状态影响后辈。有次同先生鄂东寻访，我请教他正能量具体有些什么？他一口气回答：爱国爱党是正能量，遵纪守法是正能量，弘扬民族精神是正能量，宣传民族英雄是正能量，讲正气讲奉献是正能量。

先生的父亲是辛亥先驱、北伐中将，在抗日时的第二次长沙保卫战中为国捐躯，那年他四岁。随母亲颠沛流离，先生饱受国家民族民不聊生的痛苦。解放后兄妹四人都是靠人民政府的助学金完成本科学业，因此他理解的正能量是一种崇高境界，是一种家国情怀，是一种使国家富强、人民幸福的动力。

我渐渐明白了先生的思想和支柱、动力和责任、正气和智慧是他那么一股精神所至。那是一种昂扬向上的精神、自强不息的精神、恪守本分的精神和春蚕红烛的精神。

即将付梓的《文史钩沉录》是先生在 83 岁高龄推出的又一文史力作，我感动地看他手上拿着那么厚厚一叠稿纸，肃然起敬。全书分辛亥风云、煮酒论史、闻人春秋、往事漫忆四部分。从筑起大武汉近代文化长城说到伟大的航海家郑和七次下西洋；从汉口五国租界说到汉阳三槐岭今昔；从筷子简史说到武汉面窝面面观……谈古论今，史料丰富，语言朴实，文情并茂，平凡中显示先生不凡的文字功底，议论中闪烁先生非凡的思想智慧。

先生的作品，留住了历史，留住了记忆，更留住了那一种精神。

人有精神常青。

麻建雄

2019 年 3 月 10 日于汉阳平山房

麻建雄：毕业于华中师大中文系，任汉商集团总经理，现任武汉市摄影家协会主席，全国知名儒商。著有《规范管理》《美国日本商业掠影》《汉商速写日记》等多部个人专著，力图用心声记录江城百姓的人文趣事和社会百态。

目录
CONTENTS

闻人春秋

🐎 往事漫忆

🐎 跋 人生永远没有太晚的开始（杜宏英） / 171

辛亥风云

文史钩沉录

军校双星

（**开篇语**）本文作者以虔诚的心，原创此历史大散文，特敬献94年前开创中国近代军事教育先河的保定陆军军官学校。它是我国成立最早、规模最大、设备最完备、学制最正规、门类最齐全的高等军事学府。它先后开办9期，为国培养6574名高级军事专门人才，产生1833位将军。他们书写了近现代中国多姿多彩的历史。无论在辛亥革命、北伐战争、抗日战争、解放战争乃至抗美援朝战争中都有保定军校学生参与，他们战功显赫，在这些军事斗争中发挥了重要作用，推动了中国历史的进步和发展。他们曾为国家和民族出类拔萃做出突出的贡献，他们是民族的脊梁，他们是永远被人尊敬的民族先驱。

一、走，到保定上学去

暮夏时节，武昌府城巡司河畔，两排笔直陶公柳叶儿低垂，刺目的斜阳从稀疏的枝叶透射下来，地上印满铜钱大小的粼粼光斑。河水上荡漾着万点金光，水边芦苇早已吐穗，形成一片斑白丛林，偶听到芦苇根下几声哇鸣声。李威身穿一套陆军三中的灰卡叽军校服（注1），头戴大檐帽，腰系宽大黄皮带，显出年轻新军人的飒爽英姿。他在二预校（注2）度过三年学子生涯，对眼前佳景太熟悉了。暑假还未全结束，李威就匆忙告别滠水河畔黄陂双亲，返回母校，等待结拜同姓义弟李国盛返校。事前二人早约定明日汉口搭车去投考保定军校。当他走过军校二层高大校门时，左右两个哨棚荷枪战士行注目礼，李威手提小藤箱颔首跨门而过。穿过两栋自修室，来到宿舍楼 304 号间，同学们早离校，有的返家，有的先期去保定。李威叫来杂役小夏，叫他打扫卧室，安排好两副铺盖，打来茶具两套，并叮嘱小夏"等一会儿再叫你！"李威顺手塞给他五制文钱，小夏说："大先生这可要不得？"李威挥手叫他去休息。自己立即脱去校服，穿上慈母亲手缝的白竹布对襟短褂，一时感到凉快多了。刚抿口茶，走廊上响起了急促脚步声，熟悉的监利螺山口音在门口响起，不见其人，先闻其声：大哥，还是你捷足先登了！李威抬头一看，只见李国盛仍穿一身校服，左手拎着的藤提箱刚落地，右手忙举到帽檐行标准的军礼：大哥好！李威忙抱双拳施礼：几天不见，您朗嘎这大礼性，叫大哥如何受得了？二人落凳坐下，各叙家乡见闻。两盅香片茶下肚，两人车舆劳累的疲倦早已去半，毕竟是二十出头小伙子。话正浓，茶正酽，

李国盛将军

李威将军

不知谁提出到校内逛逛，一草一木，明朝一走，何日君再来？他们经教室、过自修室、观大小食堂，触摸演武场上的铁杆、双杠、浪桥、木马、秋千等器械，几百个日子他俩在这里洒下多少汗水。一路踟蹰而行，谈笑往事，历历在目。大操场西北角，马棚立显眼前，他们走到马房，马夫老王笑迎上前：两位大先生还未走？二人笑而不答，目不转睛地转向棚内数匹良驹。国盛则上前摸抚白驹马头，此马则摇头，后蹄刨地不停。老王看透学子如此爱马，离校前还来与马告别：二位大先生，想骑就拉两匹去遛遛。李威抢着说：好咧，那就多谢了！二人本是驭马高手，各骑一匹，勒马在大操场撒了最后一次野，快速围着偌大操场跑了十余圈，人马俱乏。兄弟二人告别了老王头，走向大洗澡池，要了两只大木盆，注满温水，裸露军人浑身健美体魄，拜把棠棣赤诚相见，真畅快至极。回到寝室，李威叫来小夏工友，给他二十制文，叫他到校外酒楼买些佐酒菜，不一会儿夏师傅提回一提篮菜肴，并说："大先生，多余的制钱退还给先生。"李威摆手说不用还，明早八时再来吧！小夏高兴退去。

当晚在淡黄电灯下，二人摆满半桌时令菜，国盛从箱中拿出十个沙湖皮蛋、盐蛋。李威亦从箱中拿出一瓶精制汉汾凑热闹。

哥儿俩兴致好极了。二人赶了一天路，肚子早已唱空城计，大哥拿出两个搪瓷缸，当即撬开汉汾，分别倒入缸中，各人半斤，不用推让，空气中弥漫着名酒的芬芳。兄弟觥筹交错，好不痛快。酒过三巡，拿起缸子对碰，红着放光的脸高喊"Cheers"的洋腔来。很快桌上的佐酒菜被他们朵颐大半，当缸中酒到底朝天时，二人稍许有些酩酊了。二弟拿出怀表一看：真快呀，一下就转钟了。同时他顺手拿出一包洪湖新鲜莲子——这还是出家门时，大姐塞到箱子里的。兄弟俩边剥边吃。不一会儿二人倒床便睡，刹时鼾声四起，双双入梦乡。

哥儿俩做了同一个梦——

那是辛亥后一年，一标千余人的学生军解散，黎督惜才，将他们安排到各级军校深造，而后报效共和国。二李分配到武昌第二预备军官学校，为保定陆军军官学校输送合规的初级军事人才。进校后，一个说陂音，一个说监利话的两个农家子弟，又因成绩拔尖，二人由走近到知交密友。有个礼拜天，他们信步来到宾阳门外忠烈庙。庙内供着威武的岳武穆将军神像，这位抗金名将带的岳家军令金人望风胆寒，"撼山易，撼岳家军难！"李国盛此时说："岳将军是中国军人的军魂！"李威接着说："同姓三分亲，我们今天就来个岳庙两结义吧！"军人性格，刚义秉性，说干就干。不须烦琐程序，对着岳武穆军魂麾下，双双跪拜叩首，起身后四手相扣在一起，同声说：兄弟俩，为国分忧，同心相连！临走前，老道人还给兄弟卜了一卦，地上阴阳各半：好卦，二位长官有大运，日后前途无量。随后二人各抽了一签，老道叫道：两位长官都是上上签，以后都是国家栋梁，都要当上将军！李威笑曰："谢大师签言吉语。"走时给了十制文香火钱，老道笑送二位俊彦出庙门。

回校路上，刚结拜的兄弟二人心情无比痛快，像撞上大运。走上巡司河尚武桥，他们不禁满怀激情地仰天长啸，引吭高歌："怒发冲冠，凭栏处，潇潇雨歇……"

翌日晨曦，江夏八分山峰初升太阳早已露着红艳的笑脸，二李早已收拾行装，走出洗脸间，开始向人生另一个新的目标开拔。二位准军人健步来到高大的保安门谯楼下，告别送行挑夫小夏。小夏依依不舍地说："两位大先生，一路平安，升官发财。"

保安门瓮城下的十字街早已人来熙往，不远的额公廊桥头两岸酒肆热闹非凡。二人进入小吃店要了两碗热干面和油香、欢喜砣、烧梅等早点，外加两碗蛋酒，热汗淋漓，一扫大半，余物吩咐店小二用荷叶打包带走。刚走到店外，便见一个豫省口音老妪："行行好，先生们……俺那里蝗虫飞满天……"不等说完，二弟国盛把荷叶早点全交到她的手上。此地乃武昌城外交通要冲，东向可抵中和门、宾阳门各地，南向可达金沙洲、白沙洲，西则可通城西诸门。载客马车的停车场就设在府城根下。马车宽大，可坐四人，比乘轿或人力车要舒服得多。车夫在上面驭马，高高在上很威武。二人跨上马车时，国盛突跃上马夫副驾驶位，很高兴，像个出征统帅。马车嗒嗒行走在河街十铺的碎石路上，经望山门，沿河街六十九铺前街，过税课司衙门，再过柴庵，跨文昌门，过红庙矶、热水庵，再经平湖门大码头、越乾码头、水码头，直抵黄鹤楼府城根终点站。前行百余丈便抵汉阳门码头，这里要换乘小火轮过江到达江汉关码头。上岸后二李坐上两辆人力车到达大智门火车站，此站是汉口芦汉铁路最具欧式风格的建筑物，外部墙、面、窗、檐，都以线条和几何图形雕塑，镶嵌以多色舶来玻璃，雄伟漂亮极了，成为汉口地标之一。二李买了去保定的二等车厢的票，十时开车，当时车上无餐车，他们买了一网兜儿干食品，烧饼、烘糕、麻饼、麻糖和烧腊。十时汽笛鸣的一声划破大智门长空，蒸汽机车头拖着白烟，风驰电掣向北奔驰而去。民初的火车，开得极慢，晚上低速，甚至停开。好不容易来到鄂北三关之一的武胜关，这是鄂豫两省分界线。二李在车上边吃边聊。李威对乘客说：当年张之洞主张先修芦汉铁路，通车后，张督进京谒见皇上，乘车到此武胜关，偏执下车，改乘八抬大轿翻鸡公山古驿道，到北洞口再乘火车北上。李国盛不解："张督如此折腾手下，是为何呀？"

李威接着说："据说'张之洞不进洞'，否则对他在堪舆上很不利，影响仕途。"

邻座众人齐说：清末这批重臣如此迷信，难怪国家任人宰割。

蒸汽火车匍匐在华北大地，渐行渐停，车上人多且杂。到达郑州火车站时，停车 10 分钟，二李到月台小推车上买回名产，道口烧鸡一只和正宗的肉夹馍。火车很快进入河北京畿地区。首站正定，一晃而过，经过两昼夜的艰辛，直抵保定火车站。这个直隶省会大都市，市容还真不赖，街道俨然且热闹，满街京片子口音，初听起来很悦耳，尤其是小姑娘腔调很甜润。但市廛商贾场面哪里抵得汉口的洋气和武昌古城的学府楼台的历史底蕴？二李雇了一辆马车，直抵保定东郊陆军军官学校、这个我国将军的摇篮、花园般美丽的高等军事学府。

二李同声说：保定军校，我们九头鸟报到来啦！

此事发生在峥嵘的岁月——

中华民国四年。

公元 1915 年

注：1.清末武昌陆军第三中学堂

2.民国初、武昌第二陆军预备学校

二、军校学霸们

仲夏风刚拂过，保定已显得少许凉意。二李手提小藤箱，身穿学生军灰校服，走过仰慕已久的军校，目睹占地 3000 多亩、偌大的古朴建筑群体和宽敞的大小操场，早已心旷神怡。母校已敞开宽广的胸怀，用双手召唤这双荆楚俊彦。

李国盛早已按捺不住说：好大的校园，比我们武昌二预校大得多呀！

李威笑着说：二弟，这里是全国最完善、最正规之高级军校，全国各省自办军校，哪能和它比肩？

兄弟二人携手迈进宽大的四柱三开间军校大门，最具国粹的歇山顶黄琉璃瓦熠熠生辉。拾级而上，抬头赫见横梁上悬挂着长方形匾牌，白底黑字颜体正字"陆军军官学校"吸人眼球。再进一院落，便是"尚武堂"，那是校长、教育长、校副官的办公室和住室。此堂也是四柱三门歇山顶建筑物，其制比校大门稍小些。堂前立柱上有一副长对联，上联："尚文阴符，武侯韬略，简练揣摩成一厅"，下联："报国有志，束发从戎，莘莘学子济斯望"。虽不知出自何人之手，至今仍不失为一副催人奋进的楹联。二李走进，办完入学手续，备受校方热情接待。按军校学制规定，入学前及毕业后学生皆要参加实习，熟悉部队生涯，然后进行品行和智能甄别后，合格者方可考入保定军校。二李和其他武昌二预校毕业生，均顺利过关。1915年秋 209 人编入保定四期步兵科学习，第一连 106 人，第二连 103 人。李威与李国盛兄弟俩入册保定军校第二连。保定军校 1912 年开办，1923 年停办，历时十一年。全校分步、骑、炮、工、辎五科。学生共计 6574 人。九期中，只有第四期只有步兵科，无其他兵种。这 209 名学子全部来自湖北，绝大部分参加过辛亥首义，他们革命理念坚定，有抱负，以振兴中华作为奋斗目标。

军校教学极为严格，采用德国、日本的训练方法：惩罚、打军棍、关禁闭、疲劳训练等。各种制度很严格，仅考试就有临考、月考、季考、期考、毕业考试等。

学生负担重，除开学科（汉文、数学、化学、物理、图画、制图等普通课），还需开各类术科（战术、兵器、地形、筑垒等）。学生术科可分体操、刺枪、劈剑、马术等。学生堂上做笔记，下课对笔记加以补充。民初这些数、理、化等学科，都是舶来品，学子难适应，考试时更临时抱佛脚，出尽洋相，每次发榜有三分之一的人不及格。其中也不乏露锋芒的优等生，每次皆有10%以上的人各科成绩皆在90分以上，成为受人羡慕的学霸。农家子弟李威、李国盛皆忝列其中。尤其是德文教官李光恒先生，对二李更是钟爱有加。这得益于二预校德籍教师格拉塞先生，他教学得法，给二李初步奠定了德文基础。李教官称兄弟俩为军校双星，课堂叫他们领读德语，表扬他们的肯下功夫，送他们原版德语刊物各一册。二李受宠若惊，今后越发努力，以报答恩师。

三、饭堂风波

军校为国家官费经办，生活学习用品皆公家提供。每人发棉被及四季衣著。学生官服肩章为红底镶铜制五角星，每季节军官礼服，黄呢子料或灰斜纹布，大檐军帽，腰挎带鞘刺刀或马刀，以示军人阳刚之威武。每逢周日保定通衢闹市，少不了结伴而行的军校学子，以致形成街头靓丽的风景线，获得了不少市民的回头率。保定军校学生毕业后授中尉军衔。平日伙食可说是极丰裕的。主食米面搭配，以细粮为主。副食荤素搭配。集体排队入席，四人为一桌。早餐稀饭馒头，佐以腌制小菜或酱菜。午晚两顿皆四菜一汤，两荤两素。荤食以猪、羊、牛、鸡、鸭、鱼、蛋为主，蔬菜则以大白菜、萝卜、土豆、春不老、豆腐为主。每逢盛事，学生八菜一汤或十菜一汤，佳肴丰富多彩。伙食好，为教职员学生的操练与大运动量提供了体质与营养保障。

有次开中饭时，邻桌有几个纨绔，信口雌黄纵谈国事，上至孙中山，下至洪宪皇帝，时有忤言出口，有个小鬏毛高喊：孙大炮他算老几？光说大话，奢谈实业救国！秃头高个儿冷笑说：是呀，空谈误国！

听到这时，李国盛不耐烦了，站起身指着对方说：孙中山先生建立民国的丰功伟绩，是你们能随便侮辱的吗？

鬏毛横蛮地说：不服？咱俩到门口单挑，你敢么？鬏毛摆出摔跤手姿势，跳跃踟蹰而来，显出踌躇满志的样子。

李国盛毫不服输，凭着健硕体魄上前抓着对方领口搡了一把，来了个跟跄，两人扭打起来。正胶着时，高个儿秃头出手了，朝国盛后背猛力一拳，国盛很机警，扭身避开了，顺手把他俩置向自己的前方，同时打了推手说：一起上吧！围观者无一上前劝解，只作看客。从圈外赶来的李威，见二弟被二人围攻，大吼一声：住手，俩打一，算什么好汉？板妈养的！

说时迟，那时快，李威拉下架势，运了一口足气，向秃头来了个扫堂腿，这是他在二预校时，兵操教官教的"八段锦"国术拳学的一招。四人混战正酣，赵教育长带人赶到，不由分说，将双方带到尚武堂投入大禁闭室关押。学校向来军纪惩戒和处罚都从严，这次打架群殴，尚属首例。身处四壁囹圄，兄弟对面苦笑，不发一言。不一会儿，湖北老乡胡宗铎、石毓灵、李大观、陶钧、程汝怀等前来探望二人，同时携来馒头、猪肚、猪肝和德州扒鸡一只。李威对国盛说：还是我们湖北佬讲情义啊！他们还未忘咱哥俩儿！

待他们走后，二李将礼物朵颐个精光，一扫满肚晦气。

如何处理这场斗殴事件？校方有两方处理意见。其一是必须严惩，杀一儆百，将双方四人全开除算了。其二是教育、开导、自我检查，以观后效。四期的209名学生，个个群情激奋，互传"保卫孙大总统犯了何罪？"舆论沸沸扬扬，程汝怀、胡宗铎找校方多次说项，校方强硬派开始软下来。加上已毕业一期的学长万辉煌来电说项，京城黎元洪副总统也打电报：首义学生军原吾下属，辛亥有功，谨防学运生变。校方多次开会，宜当事者检视品行具结了案。当二李百余字检视递上去，赵教育长拍案惊奇：多好的蝇头翰墨！李威用的柳体，俊逸、风清骨峻，运笔独匠。李国盛用的颜体，功夫非凡，笔力深厚凝重中不乏刚劲爽利，丰富而协调。如此之教育长，真不愧惜才之师。路过的德文教官李光恒见此二信帖，也不禁叩手叫道：此二君都是吾之高足也！诸生不重视洋文，而二李很优秀，每次德文考试皆在95分以上，真是学霸呀！校方只得释放他们，以免后患。

走出禁闭室，回到连队，程汝怀众同窗翌日还备了一桌酒席，请上二李，扫晦气，压惊，同乡同窗手足情谊，让他们心情很快恢复如前。

四、袁世凯：保定军校学生实力，可抵十万雄师

保定军校直接隶属于陆军部军学司，学校一切尽在以袁世凯为首的北洋政府掌控。他们争夺办学领导权，培养忠于自己的奴才。在教学中采用德、日极为严格一套方法，同时也保留封建教育的自闭状态，不许学生过问政治，动辄施以打军棍、关禁闭、疲劳训练等惩罚。同时还标榜"军人不干政"，严禁传播新思想和参与各种社会政治活动，以图将学生养成只知道服从军令的职业军人。学生中思想良莠混杂，绝大部分是爱国的热血青年，他们有自己的政治抱负，以救国救民为宗旨。因此与校方高压形成对峙，冲突不断，学潮迭起。

野蛮的二百军棍

1916年初秋时节，第三期同学面临毕业考试。一天王汝贤校长给全校师生训话，一群护兵马弁，刺刀出鞘。校长命令把禁闭室里一个叫方其道的学生提出来，叫他跪下。方说："民主国家，学生无下跪的道理！"王又令士兵拖他跪下，但士兵一松手，方又立起，斥校方违法。于是王又叫人把他按倒，并斥责他："不叫你看报，你偏看报。排长警告你，你不服从命令，硬要看报，是不是违法？"方说："世界各国，没听说禁止学生看报的。校长没来时，学校设有阅报室，学生不独随时可看报，还可自由订报看。校长禁止学生看报，是什么理由？我们不像王校长（注：王原是袁世凯的马弁，后来被提升到师长，本是个目不识丁的大老粗），连自己名字都

不认识。我们是知识分子，为什么不能看《顺天时报》？"方话未了，王校长接着说："你这个狡猾学生，是革命党。你不招供，先打你二百屁股板子！快打！"几个马弁当即把方其道按倒在地，举板就打。打完之后，王令人把方其道押起来候办。

在场同学全都含泪默默无言，悲愤难忍。事前大家曾商议：如遇任何高压手段，要镇静，王校长是帮袁世凯来消灭我们的，不要在反袁前就牺牲，那无济于革命。返回连队后，互相抱头痛哭。四期的 209 名湖北学生，个个义愤填膺，李威、李国盛、胡宗铎、石毓灵、郑重、程汝怀、李大观更是义形于色，满脸泪珠不约而同地呐喊："看报无罪！""不准打学生！"李威说："辛亥年，我们敢把宣统皇帝拉下马，诛九族也未吓倒我们！"李国盛说："他妈的假皇帝袁大头算哪根葱？……"痛定思痛后，大家拿出主意，不能坐以待毙。最后公推步兵科长程其祥赶往北京，晋见陆军部长段祺瑞。程把真相报告段后，段去见袁，袁对段说："王校长来电说，学生要搞'学变'，已派第 8 师实弹包围学校，解除学生武装，候命剿灭。"段说："不是学生变了，军校步兵科长程其祥正来京，把真相对我说得很清楚。我看还以慎重处理为宜，免碍大局。"

程科长返校不久，方其道同学就被开除了。此次学潮延续两个多月才了结，中间衍发多起学运，保守的王校长，为了维护其主子皇帝梦，终抵挡不住全国促共和的声势和潮流，袁世凯在举国一致声讨中倒台了。王校长并未返校视事，由教育长杨祖德兼任校长。最终以禁锢学生思想的保守校方当局失败而收场。保定军校学子上了一堂生动的自我救助大课。在这场斗智斗勇的博弈中，同学互相揶揄说："丘八脑子简单。"教员也说："到底弄不过革命知识分子，袁皇帝一定要被打倒。"难怪袁世凯常说，保定军校学生实力，可抵十万雄师。

该死的《二十一条》

保定军校时期，虽以民主共和代替封建王朝和君主立宪，但袁世凯本人封建帝王思想浓重，仍以君主自居，在校内禁锢学生进步思想，灌输"忠君""尊孔"。但学生中大多受辛亥革命洗礼，自由议论时弊，自不能免。特别是四期生湖北学子，抗争尤为激烈。民国初政治风潮起伏，军校内学潮迭起波澜。国内南北对立的两派学生之间的风波，时有发生。袁世凯密谋变更政体，做起洪宪皇帝梦。袁的媚日卖国形象暴露后，激起全国声讨一片。日本的二十一条要求，苛刻无理，全国群起而攻之，北京尤甚。保定军校全校集体罢课，陈增荣同学悲痛万分，誓不欲生，咬破手指，血书"南八男儿死耳"。全校同学无不感动流涕，誓不欲生。李威、李国盛、胡宗铎、程汝怀、李大观等也咬破手指，用自己的碧血签上自己的大名，誓死反日到底。这种爱国尚举是真挚的、纯洁爱国的。

五、各奔前程

保定军校教育共计三年，前半年为入伍训练，在校期间，实际只有两年半。李威、李国盛所在的四期保定生，是民国四年（1915年）秋入学，到民国六年（1917年）秋毕业。当年保定的同学们同出一个校门，进入社会走上军旅后，几经大浪淘沙，各奔前程，各自走上了自己寻觅的路。

保定军校，中华民国开国后，培养出一个庞大的优秀的军旅高级爱国俊彦群体。他们走出军校那古色古香而又肃穆的大门后，闯入社会，踏遍九州千山万水，在各个历史时期，保家卫国，尽职业军人职份，为祖国、为民族抗争，驰骋沙场百余年。但在追求爱国进步，追求真理与光明的道路上，各人所走的道路也不尽相同。因思想基础、经济基础的差异，良莠不齐，忠伪难分。在护国、护法、北伐、抗日、解放等战役中，冲锋在前的猛士居多；也有极少数数典忘祖沦为国贼汉奸，或站在人民的对立面，受到人民的唾弃。

李威、李国盛这对同姓义兄弟，同出荆楚大地，同是农家寒门子弟，同饮长江水，为了"驱除鞑虏，恢复中华"的志向，只身到省城武昌求学。李威先读湖北省立文普通中学堂，与董必武、宋教仁同窗共读。毕业后考入陆军第三中学堂。李国盛先读陆军小学堂，后也考入陆军第三中学堂。二李亦为志同道合的挚友。1911年辛亥武昌首义时，他们同时参加起义军，任学生军教官。后又同时报考保定军校四期，1917年学业届满，都以优秀成绩毕业。

　　李威返鄂后，又赴广西任军官学校教官，北伐时已改编为广州国民政府第七军，李威任第七旅团长之职。第七军北伐战绩辉煌，沿路由桂林打到衡阳、长沙，势如破竹拿下汀泗桥、贺胜桥，直逼武昌城下。后北伐军东进，血战德安、王家铺，攻下南昌。在南京的龙潭，北伐军以3万之众，击溃号称五省联军孙传芳10万人马，孙军全军覆没。这是北伐中经典名战。李威任第十九军第二师师长，因战功卓绝，在国民党第二届中央执行委员会第四次全体会议上，被国民政府国民革命军嘉奖，晋升为国民革命军陆军中将军衔，时年36岁。

　　1929年蒋桂战争，桂系失败。李威遂解甲归田，决心不再从政，开始致力于实业救国之道，从事工商之业，先后创办上海华德牛奶公司、汉口长江饭店、新华机器米厂、恒益军服店、益大服装厂、武昌新新制革厂、长丰米厂、民华绸缎店、白鹤印刷厂、文具店、面粉厂、兆泰米厂等十余家企业和店铺。

　　1938年日寇占领武汉，李威重新穿上戎装，投入李宗仁将军驻防的第五战区，鄂东抗日游击总指挥部，任鄂东第二十一游击纵队司令、国府中将总参议、总指挥部教育长、鄂东游击干部训练班中将班主任等职务，踏上了敌后游击战场。当年抗日游击军约两万余人，包括中共张体学的第五大队，装备齐全，士气旺盛。1939年驻汉口日酋池天龙，纠集日寇1000余人，大炮10余门，机枪100挺，妄图摧毁鄂东抗日游击根据地。我军遂作严密部署，国共两军协同作战，两天结束战斗，歼灭日军400余人，活捉日军6人，缴获步枪300余支，炮5门、机枪13挺、指挥军刀30余把，军马及其他战利品若干。1941年冬，日又纠集300余人进犯，我军设伏，聚歼日军60余人，缴获步枪60余

李威将军遗物，已赠保定军校馆藏。

支，机枪 3 挺，小钢炮 1 门，子弹 5 箱。先后两次大捷，极大地鼓舞了军心、民心，增强了敌后军民抗战到底的勇气和决心。敌后游击队武装像一把尖刀插进日寇心脏，有力打击了日寇嚣张的气焰，从而配合了全国正面战场，为夺取抗日最后胜利作出了巨大的努力。

李国盛，农村寒门子弟，在军校学习优异，对战术理论和作业颇有造诣和心得，被同学揶揄："李国盛是我们保定的拿破仑！"毕业后被保送入北京陆军大学深造。毕业后被委任湖北郧阳县知事，任上对全县教育、税制、司法、铨叙等作了全面改革，新政获得全县百姓拥戴。离任时，万民赠"万民伞"，十里长送。嗣后任河南省开封市警察局长，为保全省治安，作出了巨大的奉献。抗日战争时期，任国军 95 师参谋长，衔少将军阶。常年驻陕豫晋三省抗日前线，在黄河北岸抗击来犯日军。1938 年春，95 师以一营兵力在豫北修武李屯伏击日军，取得击毁日军汽车 70 余辆的辉煌战绩。保卫河南黄河大堤，有八支中国军队，国共两方面游击队及豫省本土地方武装集团，共同捍卫了豫西一方多年平安，使得日寇不得再向前染指一步，从而拱卫了西南抗日前线西安和重庆的战略安全。在武汉会战中，95 师在

李遵楷、李遵厚向保定军校纪念馆捐赠将军遗物（左三为马永强馆长）

瑞昌一带阻击日军，战斗十分惨烈，李国盛不幸负伤。李国盛将军在战场负伤后，由战区司令推荐到陆军大学将官班任副主任，以在军校学习和战场获得的知识，传授于各战区的高级军官，为最后战胜日本法西斯作出一个中国爱国将军应尽的一份职责和贡献。目前保定军校纪念馆，从海内外收集到近千件军校有关文物，在众多精致的展柜内，陈列着保定四期生步科二连李威、李国盛两位将军生前用过的牛皮箱、皮大衣、军毯、牛角私章等物品。那是两位辛亥先驱、抗日宿将的后代李遵厚、方大德专程赴保定，捐献给先公的母校，作为永久的怀念。

李遵厚捐献证书

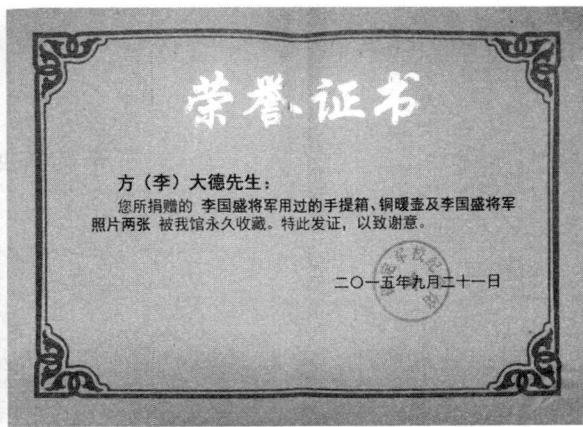

方大德捐赠证书

回望军校，故物返校，睹物思亲，斯人远去，虔心著文，心绪何往？

一支烛光，一束鲜花，一斛汉汾，斟满夜光杯，赤诚的心，举过头，献与西去的故人。

[本文史料来源]

1.保定陆军军官学校同学录（河北人民出版社）

2.保定军校史研究（王新哲、刘志强、任方明著，光明日报出版社）

3.近代军校研究杂志（任牧辛、李岳来、马永祥、曾素梅著）

4.《罗田文史》第四辑

5.《保定军校纪念馆》纪念画册

辛亥首义学生军

于无声处听惊雷

一个世纪前的辛亥年，巡司河畔苇花萧瑟，枫叶飘摇，武昌督署衙门，一座张着大口的病虎，署前两支旗杆犹如一对吃人的虎牙，上面还流淌着烈士的鲜血。10 月 10 日晨曦初露，乌云布满整个府城上空，淅沥的秋雨洒个没完，秋风秋雨愁煞人，督署辕门新添的三根楠竹杆，上面高挂着革命党人的三颗血淋淋的人头。杀身成仁，舍生取义，喋血府门的是彭楚藩、刘复基、杨宏胜三烈士。天破晓，文昌门，望山门，保安门正街及王府口，四周的百姓目睹惨象，个个惊恐万状。抬头又见署前告示上写着：号令所有乱党立即自首，否则按册捉拿，格杀勿论。传开，武昌城里人心浮动，议论纷纷。尤其是家里有子弟在新军里面当兵的，更是担惊受怕，惦念着自己的亲人。人群里有个中年人东张西望，他是黄土坡同兴茶馆老板邓玉麟，革命军中传送情报的信使，见到此情景，悲愤万分，走向前一看："这不是三天前在汉口共进社还碰过头的彭刘杨三位兄弟吗？"背地眼泪夺眶而出，心里暗骂着："狗日的清贼，我们革命党人定要把你们杀光，为我的好兄弟报仇！"

武昌全城革命党人紧张地动员起来，他们盘马弯弓，执戈待命，相约发动起义。府城犹如一堆干草，星星之火即可燃遍全城，烧光腐朽的满清封建王朝。革命党人，凭着大无畏的革命义愤，抛头颅，洒热血，前仆后继，慷慨悲歌。三烈士牺牲后七个小时，10 月 10 日晚上工程营熊秉坤打响了首义第一枪，城外塘角辎重营李鹏升 10 时烧燃马房，纵火为号，测绘学生方光向营房掷一炸弹，后来蛇山和中和门革命军大炮对着督署发难。所以首义军中有"熊一枪""李一火""方一炸""蔡一炮"之美誉。革命军独立作战，制定明智决策，先占领军械库，控制蛇山制高点，炮轰总督府。鄂督瑞澂、统制张彪仓皇出逃。革命军血战通宵，先后夺取督署、藩库、官钱局、电报局等重要机关。次日凌晨，武昌全城光复。接着，汉阳、汉口相继光复，首义取得第一阶段全胜。辛亥首义战斗的 43 个日夜，武汉取得荣耀。全国 24 个省区中，鄂、湘、陕、晋、赣、滇、黔、苏、浙、桂、皖、闽、粤、鲁、川等 15 个省宣布"独立"，脱离清王朝，革命已席卷全国，敲响了清王朝的丧钟，打开走向共和之门。

李遵厚、方大德与辛亥后裔向虎雏教授在黄陂李氏莹园

到楚望台去

清季末年，张之洞奉旨任湖广总督先后18年，在鄂大张旗鼓推行洋务新政。在文化上，他执政理念高人一筹，超越时代。他曾说："尝谓中国不贪于财而贪于人材""故以兴学求才为治国之首务"。这不就是当今"科教立市""科教立国"的口头禅吗？张之洞开拓湖湘文化，扎根楚文化，使之发扬光大，以致延续至今，其功是不可没的。他主张"中体西用"，自办完备教育体系，创办初等、中等、高等教育，全方位培养人材。当年兴办文高学堂（两湖书院），文、武普通学堂，方言学堂（外语）、农业、工业、铁路、军医学堂。此外还设有陆小、存古、测绘、矿业、陆军第三预备中学堂，以及东南西北中五路高等小学堂。一时省城学堂林立，官办、私办、洋办、商办……体制多样化，在籍学生达万人以上。是时武汉文教蔚起，学风大盛，一跃崛起成为全国数一数二文教昌明之区，开拓了武汉文教近现代化的新的历程。这一大批学子，他们接受孙中山革命学说，成为清王朝的掘墓人。孙中山曾经说过："以南皮（张之洞）造成楚材，颠覆满祚，可谓不言革命之革命家。"可见张之洞为武昌起义创设了许多极为有利的条件，客观上提供了辛亥革命精神、物质基础。这是张督未曾想到的结果。

在起义的各路人马中，有一支测绘学堂的学兵，他们在方兴和李翊东的带领下，全校150余人中，除两个满人外，全体到楚望台报到，拿取枪支弹药，协同进攻督署。当天方兴由工程营取回指挥刀两把，一把交给李翊东，一把自用。李吹笛紧急集合，方兴高举指挥刀当众宣布："今天是汉族复兴之日，推翻满清政府时候已到，机不可失，大家到楚望台领枪杀敌吧！"同学们精神振奋，穿着新领的青呢制服，新皮鞋，又将窗帘和白被单撕破做袖标，走出校门，气势雄壮。路人见了说："这是孙文派来的革命党。"队伍经过右旗西营门口，到了中和门楚望台军械库，每人领得步枪1支，子弹10发。当时革命军主力1600人，经各路人马扩充到4000人以上。

一时四面火起，火光冲天，督署已拿下，瑞澂张彪已逃跑了，武昌解放了，天亮了。

首义时，除测绘学堂外，其他学堂相继加入起义行列，其中有陆军武昌第三预备中学堂、陆军特别学堂、两湖、矿业、方言等学堂。陆军三中的队伍一标600余人10月11日直到楚望台。他们个个儿英姿勃勃、血气方刚、风度翩翩，人人穿上刚发下的灰色军官服，头戴大檐帽，腰系带有子弹盒的宽皮带，肩背"汉阳造"刺刀已出鞘，寒光照征衣。行伍容光焕发，气宇轩昂，气场逼人。其时其景，着实叫人心怔眼亮。现场总司令吴兆麟、指挥官熊秉坤同声叫道："天助我也！""三中秀才大先生们，我们欢迎你们一起来造满清的反！""你们有何要求？"该校党人代表席正铭、雷洪、谢复、王天培、刘端裳、李威、李国盛、袁学彬、朱社安等领头造反发难。"我们响应起义，亡清必楚！""请补充枪支弹药，请军政府派遣任务！"他们后被分配为总预备队，支援前线，保卫后方工作。

陆军三中造反大军11日由该校巡司河向武桥出发，由兵操教官孙国际、刘国祥、黄复等率领前行，值星队长许敬藻带动全校学生整队入城。走到中和门约百米远的旗人大公馆，看见三四个士兵右手拿枪，口中衔一把马刀，正在搜查讯问那公馆的内人们。其中有一个兵向站立在门前双手抱着小儿的旗人劈头一刀砍去，鲜血上喷，小儿落地，嚎哭起来。过后公馆已烧，残尸几个，其中有穿黄色长筒靴的旗人中级军官，沿路只见老百姓扶老携幼，拖儿带女向乡下逃去。抬头看见保安门谯楼上下垂一幅素练，上书：我们统制大人说，造反是要诛九族的，兄弟们，回家去吧！众人观后，怒不可遏，异口同声地骂道：狗日张彪，汉奸头子，杀我三烈士的刽子手！老子要先灭你九族！说时迟那时快，李威、李国盛举起手中枪，瞄准素练挂绳，"砰砰"两声，划破长空，只见白练飘落在地，众人拍手欢呼："好枪法，把张彪的脑袋敲碎了。"程汝怀上前在素练上踹了两脚，朱社安掏出火柴将它烧个精光。像打了头场胜仗一样，大家又奋然前行。刘端裳这时说：平日旗兵监视我们，一旦发现革命党人一定立即正法。大家还记得吗？汉满士兵二人相向走来，汉兵不能正视旗兵。否则，旗兵马上质问你："你看什么？狗娘养的！""你吃谁的饭？"如果你不回答"吃皇上的饭"，马上就要大祸临头，轻则禁闭，重则杀头。正是因为旗兵平日骑在汉兵头上作威作福，飞扬跋扈，蛮不讲理，所以，革命党人早已恨之入骨。出于积恨，捕来旗兵，只能以铁血政策对付他们，别无选择余地。武昌首义后，各类学堂，全部停课，军政府成立第二天，"湖北学生军"则正式成立一个标（团），标统是刘绳武。标下直属三个营，每营4队，每队3排，每排3班，每班12人。学生军以一腔热血之躯，成为各个战场的生力军。其中陆军第三中学堂和陆军小学堂，本是军部系列，受过初步军事教育，自然成为学生军的主要骨干，战场上冲锋在前头，更成为学生军的中坚力量。

标本部设在阅马场武普通学堂内。学生军较复杂，有中小学生，私塾学生，年龄有二十五六岁以上的，也有十二三岁的。他们青年易接受新东西，在革命形势感染下，表现坚定和忠诚可靠，是难能可贵的。他们装备简单，每人发毛瑟枪1支，1顶军帽，1套蓝布单军服，其他卧具、里衣、棉衣、鞋袜都系自备。其饷银每月大洋12元，扣伙食6元，实得6元。青年人在革命大潮中，各方面皆受到战斗的洗礼。

拱卫革命根脉

湖北军政府把分散在各校的革命学生，按军团建制组建，是及时的，更是有前瞻性的。由于起义仓促，清军大军压境，造成前方紧张，后方混乱。学生军在维持市面、保卫后方及时支援前线需要、保卫军政要地等方面，皆作出了特殊的贡献。

学生军是文武双全特殊部队，在战时紧迫环境中，执行勤务是主要职责。他们在前、后方曾作出巨大的牺牲，经受了严酷的考验，最主要的有以下几项任务：

（一）保卫都督府，巡查街道。起义军光复武昌后就进驻咨询局，守卫首脑机关就轮到陆军三中和测绘学堂学生军，他们坚定可靠。奸细方定国勾结旗兵，在都督府谋叛，被李翊东发觉，当场枪决三人。30标旗兵营管带邰翔宸率残部百余人，潜匿武昌城内，由大东门至蛇山，进攻都督府。吴醒汉、蔡济民等护送黎督出避于蛇山麓。李翊东指挥测绘学堂喻育之、方兴等30余人，联合陆军三中的袁学彬、程汝怀、李威、李国盛、朱社安等50余人，分两路包抄邰翔宸，旗兵无心恋战，一触即溃。学生军一口气追到广埠屯外，方才奏凯回营。

革命初起，社会秩序不安定，军政府防患未然，三个营学生军每夜轮流上街列队，荷枪实弹巡查。在武昌的大街小巷，五人一队，步伐整齐，秋毫不犯，整夜不停，起了稳定社会秩序和安定民心的作用。

（二）守卫藩库和官钱局。藩署内储藏现金的金库叫藩库。当时储有各色现金达100余万两。官钱局，省属发行纸币的金融机关，当时储存台票多达2000万张以上。后来吴兆麟、蔡济民、李作栋等同往藩库铜币局、官钱局点验款目，计藩库实存银120余万两，铜币局存银元70余万元，银80万两，铜钱40余万串。官钱局存铜钱200万串，官票800万张，库银20万两，银元30万元。总计存款4000余万元。点验后由胡廷佐负责藩库。学生军三个营日夜轮流值勤守卫。值班时，学生兵有时疲倦极了，倒在银梢子上就睡着了。将一段约四五尺长的整木头，从头到尾地对半锯开，将内部挖成一个沟，宽度约可置一个银锭，将银锭放入这半边，再将另半边盖上，用铁皮将木身捆住，这种银子叫

李遵厚、方大德与辛亥后裔向虎雏教授
在李威将军茔前

梢银。每一个梢子可装五六锭银子不等。藩库内梢银满地都是，倒在梢银上睡并不是那么舒服的。在官钱局里，台票成捆，置于橱柜中，并未加锁。学生们夜间换班之后，疲倦极了，将整捆台票拿出来，在柜台上铺作垫褥，或作枕头，在上面睡好一觉。但藩库里没失落一小锭银子，官钱局里没有散失一张台票。后来学生军代表程汝怀十分感慨地说："举义时，我们学生军护城内财政机关，官钱局等机关内遍地都是金钱，走在钱上，坐在钱上，撞在钱上，睡在钱上，而无一人取一文钱。"义军由最初一个协（师）扩充到八协，经费开支全部由官钱局支付。守卫了财政机关，就是保卫了革命的命脉所在。

（三）守卫楚望台军械处和九大城门。起义军最先智取楚望台的军械处，这里存步枪59000支，大小炮124门，子弹炮弹无数。起义军占领后，立即武装各支部队，此地仍作为军用仓库使用，派了学生军轮流守卫。为了巩固城内安全，防止旗兵潜出城去，派学生军严格守卫汉阳门、文昌门、保安门、大东门等谯楼城门口。学生军军容整齐，全副武装，一律剪辫子，臂缠白纱，个个年轻有为，军纪很亮眼。旗兵穿汉服企图蒙混过关，党人想出一个巧妙办法，凡出入城门者，都要念"六百六十六"后，方能出进。此语湖北语音为"Lou bo lou si lou"，不是土著武汉人是不容易学得一模一样的。旗兵因此也无法出入城。因汉人长期受尽满人统治者压迫和歧视，积恨太深，首义仓促，被杀旗兵只不过成了满清统治者的殉葬品和替罪羊而已。革命者是无历史责任的。

（四）临时紧急勤务。汉阳失守后，清军枪炮队协领蒋延梓，用七生五的德国退管炮射了三发，把咨询局房顶揭去。黎督率随从挟督印出逃葛店。其时英领弋飞，俄领敖康夫撮合南北两方谈判停战协议，签约需用印，于是就出现督府参谋万耀煌"八骏飞骑走葛店"的传说。蒋翔武、吴兆麟同意，派万耀煌找黎。万受命临时组建一个骠骑小分队。他们是陆军三中的李威、李国盛、朱社安，混成旅的万培基，39标沈国华、吴兆麟之弟吴兆锂，30标的鲁祖轸，总共八骁将，个个驭马高手。开罢中饭后，八人在督府门口集中，万耀煌依次检查每个人肩背毛瑟枪和腰上别着的快慢机手枪，子弹是否上足，另外马背上还多挂一进发毛瑟枪子弹。一会儿膘壮的八骏来到大门口，八战士迅猛跨上马背。万耀煌扬鞭说声："走！"马队倏忽向大东门飞驰而去。走到50里外高坡店树林中，突然响起几声枪声，大家下马举枪还击，八条火龙向树丛中喷出，不一会儿小股清兵残匪落荒而逃，大伙儿也不紧追。又继续走了10余里，在王家店见到黎督，万耀煌向他说明原委，当晚就近驻节真武观。翌日，东方放晴时辰，黎督乘小轿，众人骑马护行，当晚4时许，安全抵达凤凰山麓昙华林湖北省立第二文普通中学临时都督府。

武昌起义仓促，由于满清高压政策，大兴文字狱，革命宣传不够。督府任用文武双全的学生军，组成多个演讲小分队，到街头向百姓宣讲"亡清必楚"的道理。初冬阳光下，武昌汉阳门谯楼瓮城口不远处开来一小队学生军，领头的手举十八星旗，名曰程汝怀，后面排列双队，精神焕发，步伐整齐。他们是李威、李国盛、万倚吾、石毓灵、胡宗铎、李大观、万培基、鲁祖轸、沈国华、林逸圣、赵西萍等12人。他们在一片广货店前停下来，站成一个半月形队伍，中部置黑漆的方桌，接着小分队放声一曲《满江红》：怒发冲冠，凭栏处，潇潇雨歇……嘹亮、醇厚的男中音冲破晨雾，激荡在扬子江畔上空，霎时人们寻声而至。有提篮小贩，有穿长袍马褂、拖着长辫的，有穿短衫肩上扛着褡裢的码头汉子，马车夫也在高高的驾驶台上翘首远观。不一会儿聚集起五六十号男女老少。程汝怀发话："下面请李威、李国盛二位教官演讲！"随后喊："李威同志！"只见二十出头后生一个箭步跨上方桌，他全身着陆中军校灰呢军官服，腰系黄色宽皮带，中腰还别着精致的快慢机手枪，浓眉大眼，显得英姿飒爽。众人拍起手来。李威头戴大檐帽，右手行了个军礼，两手抬起向下一按，目扫全场，微笑地用军校官话道："父老乡亲们，我们为什么要造满清的反？满贼统治汉人200多年了，杀了我们多少汉人？顺治二年四月，清兵攻扬州，明将史可法督战，守孤城，血战七昼夜，多铎五次致书劝降，被史帅拒绝。城破，清兵烧杀奸掠，无恶不作，十日不封刀，全城80万人被杀，血流成河，数百年繁华的扬州毁于一旦！

当年六月，嘉定陷落，清人强迫汉人十天内要剃头留辫，叫嚣'留发不留头，留头不留发'。第一次黄淳耀曾领头反抗，朱瑛率众第二次反抗，吴之藩率众第三次起义。如此三次反抗，都被清人镇压下去，嘉定居民5万余人被杀。这就是永不能忘的'嘉定三屠'。这些鲜血场面，我们怎能忘？向满人讨还血债！"

程汝怀赶紧道："李国盛教官。"李不等回答，很敏捷地跳上方桌，也是一套军校官服，身体魁梧，气宇轩昂，同样用军校官话道："省城的同胞们，满清杀我们汉人200多年了，我们堂堂黄帝子民怎能容忍？旗人瑞澂杀了我们兄弟彭、刘、杨三烈士，至今尸骨未寒。年初在广州杀了革命前辈七十二烈士，在北京杀了变法六君子，在绍兴杀了秋瑾女侠。满人只知道杀我们汉人，他们双手沾满了汉人的鲜血。我们今天要杀回去，要驱除鞑虏，建立共和大业！"

李遵厚、方大德在李威将军茔前

讲毕，台下掌声如潮，众议纷纷。有个穿长袍的老头儿问道："二位大先生，你们官话讲得很标准、熨帖，二位府上是何方人氏？"

李威立即用陂邑方言说道："您朗嘎问我是哪里人？在下是黄陂县王家河冯家桥李家大湾人氏也。"

李国盛马上用监利土话答道："余是地道的监利螺山镇人氏，打小吃洪湖鱼虾，喝洪湖水长大的伢！"

戴瓜皮帽汉子自言自语地说："原来还是咱九头鸟伢们，出口成章，有大学问，二位大先生将来定有大出息，要当将军的！"

学生军这种演讲宣传方式，后来也曾推广到汉阳、汉口，效果皆不错。

内守外攻　均关重要

学生军坚守武昌，黎元洪曾批示："内守外攻，均关重要。"学生军在维持市面、保卫后方、稽查奸细、捉拿汉奸上卓有成效。"街市之上，几于道不拾遗。"但在前线作战危急之时，汉口巷战中，黄兴挑选老官兵和龚自超200余人敢死队及黄祯祥300余学生军一共1000余人，渡江作战，大振民心、军心。汉口失守，退守汉阳，张振武带领卫队及学生军1000余人激战锅底山。激战时，留日士官萧钟英看到汉阳要陷落，特在武昌组织敢死队，渡江到汉阳铁厂码头登岸，遭受清军猛烈射击，全部牺牲。阳夏失守后，为了拱卫武昌城右翼，学生军第一营开赴黄石港。当时下游鄂州一带，黄防营和会党骚动，地方不宁，我军所到之处，风声所播，残敌散去，社会逐渐恢复平静。学生军中还有一支由高小学生组成的童子军，上前线扮作乞丐或小贩，探查敌情。后来改编他们为第一营第四队，对他们进行学术、学科训练，设有步兵操典、军队内务会、陆军礼节、野外勤务军事常识等课。同时为了提高文化，每周出题作文一篇，题目多是《天下兴亡，匹夫有责》《师克在和不在众》等。

学生军勤务繁重，辛苦极了。无论巡街守卫都是整队出勤，换了班的并不能回营睡觉。整夜在外边不得休息，一般都是睡眠不足。有时疲劳到不由自主地倒下或立时睡着了。不顾雨天雪天，也有倒在地上的。官钱局后门，正对安徽会馆，在会馆屋檐下，朝门内石板上，寒冬深夜后，到处是躺倒的学生军。他们这种精神，犹如当年"岳家军"不入民宅，军纪严明，不扰民，其品质确实是高尚的。

学生军后期的种种际遇

1912 年南北停战，共和告成，战时扩军太多，为了减民负，大量裁新兵，动员退伍，湖北学生军全体复员。孙中山先生指示，要求各军政府安排这批有战功的青少年进入各级军校继续深造，进行严格的军事训练，以能够对将来的国防事业做出较大的贡献。黎元洪新办的湖北军官学校、湖北讲武堂、湖北陆小和陆中，学生军复员，每人发一奖状外，按年龄分配到各级军校深造，各得其所，可说是一榜尽赐及第了。其中 16 岁以上的分到湖北陆军军官学校，18 岁以下分到陆小，19 岁—25 岁分到陆军军官第二预备中学。

当年方案，年龄最大者，编入二预校，该校设步科生两连、骑科生一排，以马金祖为校长。讲武堂设有步科三连，委金元炎兼堂长。陆中内高有两连编制，金元炎兼校长。陆小有四连，以吴元泽为校长。后来此两校皆升入南湖二预校。此校为北京陆军部委托所办，全国仅两所。再由南湖二预备学校升入保定陆军军官学校，有两期。保定军校是全国唯一正规陆军大学，校共办了 9 期，培养了近万名高级军事人才。该校校史载：第四期学生，1915 年秋入学，1917 年秋毕业。步兵科两连，共计 209 个，几尽为湖北籍学生。他们中有程汝怀、李威、李国盛、胡宗铎、陶钧、石毓灵等。

为了解决湖北学生军的出路问题，当时有人提议设立首义大学一所，几经首义同志奔走呼号，未获北京政府采纳，其事遂寝，直到 1929 年旧事重提，大家奔走呼吁，多方联系，终筹集了 10 万元，公推李西屏负责筹备。抗日战争爆发，办事停顿，功亏一篑。抗战胜利后，又公推陈时、李西屏等 4 人为筹委，梁维亚为候补委员。决定先办一所中学，再办大学，因经费问题，两者皆无形搁浅了。未免遗憾之至。

1946 年在武昌大金龙巷清真寺成立了一所"私立抗族子女中学"，校长杨敦三，专门招收抗日遗孤子女和辛亥遗族子女入学。此校在解放后和大朝街上"私立安徽旅鄂中学"合并，组成武汉市第九中学，规模较前两校大得多了。

二十世纪八十年代在紫阳湖畔开办了"首义中学"，九十年代又在南湖陆军三中原址成立一所华工分院，又几经呼吁，改名为武昌首义学院，几代首义人的夙愿终于达成了，先贤应有知。

武汉人民，首义之区，"敢为天下先"的创造精神，振兴中华的爱国精神，通力协作的团结精神，不计生死的大无畏牺牲精神，是凝注的首义精神，是以惊天地而泣鬼神，其革命功绩实不可没。

我们回眸辛亥首义学生军先辈在激荡的岁月，忘我献身奋斗历程，寻觅先贤建立共和战斗的青春足迹，在今日新时代到来之际，仍是件非常有意义的事。

在抗日烈士李威将军陵墓前的讲话

李家大湾各位乡亲、武汉辛亥革命网的同志们：

你们好！

今天我怀着极其崇敬和激动的心情参加这次祭祀李威将军的追思活动。

各位来宾之中，我与李遵厚老师更有一层特殊的关系——那就是李老师的父亲李威将军与我的父亲李国盛将军曾经在武昌陆军第三学堂、武昌陆军第二预备学校、保定陆军军官学校三度同窗。因革命志向相同，性格相仿，加上虽不同宗但同姓，曾结拜为兄弟。李威将军1891年出生，比我的父亲大一岁，所以，今天的追思也是我向伯父的追思。

一百多年前的晚清，国势衰微，民不聊生。特别是鸦片战争以后，割地赔款，连年不断。中国已经到了任帝国主义列强宰割、瓜分的境地。不少爱国的仁人志士曾作过多次革命与改良，但都被专制的清政府血腥地镇压下去了。

当时，清政府中的改良派为了挽救其摇摇欲坠的统治政权，学习西方先进的军事思想和教学方法，兴办新式军事学堂。当时还是十几岁"乡里伢"的李威和李国盛怀着"国弱思强，强兵富国"的朴素的爱国情怀，分别从各自农村来到省城武昌。当时报考军事学堂也不是简单的事，除了目测身强体壮之外，还要考文化。好在他俩私塾功底不错，双双被录取。

在军事学堂里，他们不但学习军事知识，更重要的是接触了许多革命的社团及先进的革命思想。

1910年10月10日，武昌打响了推翻清王朝的第一枪！当时陆军三中有学生1000余人，除少数官僚子弟、八旗子弟和贪生怕死者外，600多人参加了起义，并成立了学生军。李氏两兄弟因英勇善战，还被指定为小队负责人呢！

学生军个个都是年轻气盛、不怕死、有文化、懂战法的新式军人，是辛亥革命中一支不可小觑的队伍。他们有的组成"敢死队"跟随黄兴到战场第一线，有的协助军政府维持秩序、宣传群众、守备军械库、军储局、藩库、官钱局等重要部门。

辛亥首义成功之后，父母大人曾心有余悸地说，"要是革命失败了，我家九族都要被砍头！你当时想过没有？"血气方刚的李威笑着回答："枪一响，哪个想到那些！国家都快完了，我还管么事自家屋里九族！"

从公元前221年嬴政称"始皇帝"以来，共有492个皇帝统治中国，封建帝制延续了2132年，但是到了1910年，到了李威这一代众多的辛亥志士枪下，封建帝制予以终结！这是中国近代史上熠熠生辉的一页！

辛亥革命成功之后，黎元洪（也是你们黄陂人）又把这些勇敢的学生军招到陆军第二预备学校学习。到了1914年秋，李氏两兄弟北上保定，考取了当时最著名的军事学校——保定陆军军官学校，李氏兄弟同在四期步科二连。

在校期间，时逢袁世凯称帝，李氏兄弟又与拥袁派的同学打了一场恶架。李威在日记中回忆道："袁贼若窃国，我武昌血岂不白流？"

纵观民国初历史，军阀割据，国未统一。1926年—1928年国民革命军为统一中国而发动北伐战争。当时李威参加国军第七军（桂系），任北伐第2路军第7旅下属1团长，北伐军攻克汀泗桥、贺胜桥后，又围攻武昌城，然后挥师东进，在南京龙潭遇孙传芳劲旅，鏖战七天，俘孙军4万人，致孙几乎全军覆没。在国民党二届四中全会上为表彰李威赫赫战功而授中将衔。当时，李威将军已是第19军第2师师长，年仅36岁。

李威将军在"蒋桂战争"后，解甲归田，在上海、汉口办实业救国。

抗战爆发，李威将军回黄陂避难。时遭汉奸武装劫持，威逼利诱他出任伪职。可是李威将军告诫他们"我死不足惜，但当了汉奸，八辈子不得翻身！"反过来硬是把这支队伍策反过来，投诚到鄂东抗日游击队，并任第21纵队司令。

现经李老师在台北国史馆查阅抗日战史，得知1941年李威将军牺牲于著名的第二次"长沙会战"中，时年50岁。

长沙四次会战，是抗日战争进入相持阶段以后国军所取得的第一次重大胜利，中国军队伤亡将士达9万多人，歼灭日军共11万余人，阻止了日寇疯狂的侵略步伐，鼓舞了中国军民抗战的决心。

李威将军与9万名烈士的鲜血没有白流！

辛亥志士、北伐将军、抗日英烈——李威将军不仅是李家大湾的光荣，也是我中华民族的光荣！

李威将军永垂不朽！

方大德

2018年11月23日　黄陂　李家大湾

煮酒论史

文史新视点

筑起大武汉近代文化长城

——《名人武汉足印·文化卷》读后（约稿）

人类的历史，就是文化发展的历史，人类文化实质上是包含着物质财富和精神财富两个方面，缺一不可。上海滩十里洋场时期，虽是冒险家的乐园，但文化缺失，被称为"文化沙漠"；香港曾被英国占据 100 多年，繁华的自由经济维多利亚港湾，在文化上也是一片沙漠。回眸武汉，近百年文化发展历程，回望大别巍巍，扬子流长，荆楚文脉相承的传统，寻觅前辈在历史大舞台的身影和密匝足迹，在今日应该是极有现实意义之事。

前不久，《武汉春秋》编辑部张均先生来电约稿，随后又快递武汉市方志办编纂《名人武汉足印·文化卷》一书来，该书洋洋 60 万言，三伏天，余蜗居空调斗室，捧读数日，饶有兴致。市志办的太史官们，在近数年来武汉三镇大拆迁中，在成片旧城区老街道拆光，多少历史建筑物被推倒的同时，推出

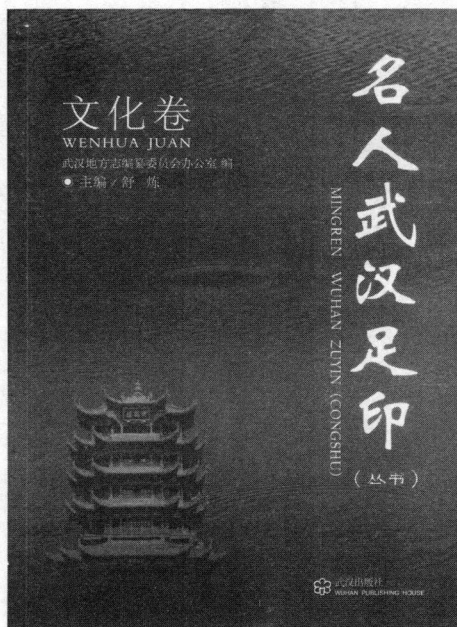

《名人武汉足印·文化卷》

了名人丛书系列，用手中铁笔记录了江城波澜壮阔的真实历史，筑起大武汉近代文化的长城，实乃伟业一件。

一、给百年江城文化留下远去的背影

《文化卷》全景式荟萃了江城自辛亥百年以来各个时期文化上的领军人物，其中包括国内外文化名人，选取了 94 人为代表，为他们点赞、立传。这些文化名流曾在江城这块沃土，在风云际会时刻（无论是北伐时期、抗战前期、解放战争时期，还是在建国后社会主义建设时期，以及改革开放的新时期，在各个文化聚合点上），创造了伟大的业绩，留下了无数的美誉江城百姓忘不了这些风流大腕，他们是城市英雄，永远受人称道和尊敬。

《文化卷》谱写的 94 位名流，个个金光熠熠，独领风骚。他们的一长串英名，建立的口碑永远镌刻在江城百姓心中，清季以降，武汉崛起成为"文教昌明"之区，他们承前启后，续延荆楚文脉，在新时代将文化领域各个方面推向更新更高的局面。当年他们曾经辉煌过，在激荡的潮流中，他们不是匆忙过客，是站在时代前列的文化领军的鸿儒硕擘。国难当头，在扬子江潮头浪尖，黄鹤楼下呐喊的文化勇士们，走上三镇街道冲向强敌奋勇抗争，掀起了全民抗战的又一次高潮。走在最前列的精英大家的名字，家喻户晓，他们是郭沫若、洪深、范长江、胡风、艾青、丰子恺、冼星海、陈荒煤、严文井、周小燕、姚雪垠、碧野、徐迟、崔嵬等。还有大批国际文化名人也投入这场反法西斯战斗中来，这些异国文化友人，斯诺、史沫

特莱、斯特朗、伊文思、泰戈尔悉数来华，在武汉投入战斗行列。这些文化巨子在武汉文化史上创造了空前文化盛景，誉满江城，惠及神州，泽被至今，早已成为江城文明形象靓丽的名片，这是何等荣耀!

　　本卷编纂者，除市志办专业太史官们外，还有数十位文史专家，这是群贤铸造的武汉文化辉煌篇章。我们今天得亲聆馨欬，深感前辈史迹染人，风范长存。我们要感谢作者给江城昨日文化史留下远去的背影。

二、纵横捭阖，为史存真

　　余刚读罢洋洋六十万言《文化卷》巨作，掩卷闭目沉思，感同身受。诸多作者们，用良知精心擘划时代文化风云争雄人物。武汉苍穹，辽阔楚天，文星汇集，闪烁璀璨，"惟楚有材"，94位明星形象，呼之而出，读者开卷后，受益匪浅。作者编史写人，用春秋笔法，穿越时空，写一代宗师泰斗，巨匠级的大咖，他们是文学家、思想家、科学家，显赫的名望和丰功业绩成果，影响几代人，其文脉传承也延续至今日，给江城留下了宝贵的精神财富。

　　《文化卷》编纂者有担当，很大气，也很宽容，不愧大武汉"有容乃大"的精神的传承。百余年来，江城文化过客繁多，不下千百，编者仅精选94位，代表时代、各个领域风骚一辈：文学泰斗、思想巨贾、科学名流无一遗漏，很精当。建国后，某些名人教授学者曾受批判，冷冻人物，重新露面，如:陈西滢、张恨水、胡风、曾卓、苏雪林、陈衡哲、冰心、朱光潜、徐志摩、朱湘、巴金、胡适、戴望舒等。二十世纪五十年代，我读华

中师院中文系，这些人被认定是资产阶级反动文人，文学史上淡化，其作品冷藏，不让接触，以免"中毒"。编者正面、客观公正介绍这些人物，让读者了解真相，还历史本来面目，这是难能可贵的气魄体现。向来历史上文化大舞台各类左、中、右代表人物，皆粉墨登场，但在抗战武汉，在抗日统一战线开展时，将各阶层人民大众团结起来，共同对抗入侵者，这就是大武汉的包容！

三、统一体例，轶闻多，重细节描写

编者为全书统一体例，作者虽数十人，全书仍能成一个和谐统一体。综观 94 人列传，94 篇文章结构近似，篇幅相近，语言朴实，生动无华，亦为《文化卷》匠心特色。

每篇文章结构相同，采用总—分—总的叙述方式，开场白，总叙高度概括历史人生平要迹，再用小标题分述人物二三事，最后归纳小结，全文结构完整，每篇文章能抓住主人公音容笑貌，轶闻佳话，扣人心弦。重细节，如董玉梅写的书法大师宗彝书"江汉关"三字的故事。花纹银 500 两，未见题款，宗师不悦，江汉关经理专门设宴招待宗大师，说明名人不需题款，"天下第一关"都如此，大家都知道是王羲之写的。宗师马上纠正说："非也，此乃明朝进士肖煜所书。""江汉关建筑高大，情况特殊，为壮观瞻，省掉落款，不算什么，用不着解释。"此话一说，宾主尽欢而散，一时传为佳话。又如刘鸣鸣写的废名往事篇。废名读北大时是"背书机器"，读书胚子，佛道情趣浓，因创作无课不逃。他和沈从文、台静农三人是当年

写乡土的高手作家，后因参佛、信佛停止写作，甚至为佛和好友老乡熊十力争吵。两人都声称代表佛，争吵声越来越大，后又无声，两人打起来了，打完了吵，吵完了打，再打再吵，没完没了。废名个子虽高，却瘦骨嶙峋，不管怎么用力也难把熊十力放倒。于是两人相持久不能平息，观者觉得有趣。抗战时，两人分道扬镳，相距甚远，两人写文章互相诋毁。这些轶闻往事，表现文学家文学道路各自的孤独，结缘佛法，由儒而佛，是那个时代某些性情中人的共性的写照。作者写出废名这个活脱鲜明作家个性，如今念其人，阅其文，不免令人寄慨遥深。他生前身后的寂寞是注定的，完全是悲剧性人物。

数十位写史专家，个个是行家高手，有几位作者，记叙名人行状轶事，说明他们根植江夏民居，生活草民之中。郑保纯写闻一多，闻就职武大，潦倒武昌磨石街 11 号。江城酷暑天，先生打着赤膊，在楼上写东西，不刮胡子，面庞消瘦，同时大部分时间都到磨石街 25 号，同兄弟合住祖屋。他经常跑空袭警报。此磨石街就是保安街一条支巷子，抗战时被日机炸毁，胜利后在此地区建一新街，名曰巡回街，尽是些棚户。郑保纯另一文，写的是被称为文坛洛神的女作家萧红，她被鲁迅先生赏识，引导她成为"左联"的前卫作家。她曾在武昌小金龙巷 21 号，和丈夫萧军同居，开始写《呼兰河传》开篇心血之作，生活安定，过着"日出而作，日落而息"的市民生活。此小金龙巷也是保安街的一条支巷。此磨石街和小金龙巷两小巷皆在我家保安街 374 号恤孤巷旁李威公馆两侧翼。二十世纪八十年代的大拆迁中，保安街此段夷为平地。斯宅已拆，斯人已远去，睹物思情，怀念惆怅而矣！

《文化卷》视角广阔，用磅礴气势，记录江城文化，全方位剖析社会方方面面，也可以说是解乡愁的一个好教材读本。当然，《文化卷》在选材、人物立项、代表性方面，还是有可商之处的空间。

说　玺

——兼评宋晓丹、张嵩主编《武汉印记》

　　丁酉岁暮，寒气飕，寒流袭。余蜗居望江斋室，捧读宋晓丹君贻之亲撰《武汉印记》。这是一本集武汉前朝 265 年间官署公章总印谱。作者宋晓丹、张嵩供职市档案局领导，从政之余，在馆藏卷帙浩繁 70 万卷中，集合清朝、民国南京临时政府和北京政府时期、武汉国民政府和南京国民政府时期、武汉沦陷时期、南京国民政府还治时期等五个时期精选的各级官署印章，共 134 方。这种亲力亲为专业治学之风气，撰书立著的敬业精神，令人感佩。该书装帧设计精美，图文并茂，洋洋洒洒 50 万字解读，实为新时代建设大武汉文化长城新添一块坚实、厚重的城砖。阅后，也着实叫人对武汉昨日悠长历史步履增长了新的认知，让读者在故乡热土的行政建制史获益匪浅。它的出版，对复兴大武汉、建设国家中部中心城市具有更大的现实意义。

《武汉印记》

一、玺，傲视于世的中华文化特征

玺，《说文解字》云：玺，王者印也，所以主土。从土，尔声为古汉语"你"，或"你的"。"普天之下，莫非王土"，故天子之印章独称"玺"。四大文明古国史上都有拥有和使用印章的文化现象，时至今日，其他三国的印章文化早已衰落，消失在历史长河中，唯有中国的印章文化依然傲视于世。它紧密地与政治、经济、军事、法律、宗教、文化艺术等相结合，在诸多领域发挥独有的作用，长盛不衰。

我国印章文化溯源："玺"亦"徙"，迁移本义。明代印论学家甘旸谓："印……三代始之。""三代"指夏、商、周。当年社会经济发展、商品交流频繁，为了"信验"，置于捆扎物件绳结上的黏性小泥块，盖印之后称为"封泥"，作为封缄保密作用。此亦为早期原始印章雏形。

后来纸帛发明，"封泥"淘汰，印章盛行于官民。今日谈玺，言必秦汉印风的弘扬，明清流派的继承。我国印制即为封建等级制度在文化上另一征兆。先秦印制有极其严格的等级。天子印独称"玺"，御玺有六方，即皇帝之玺、皇帝信玺、皇帝行玺，天子之玺、天子信玺、天子行玺。此六玺外，又有传为用和氏璧雕制的"受命于天，既寿永昌"玺，这就是汉之后始称的"传国玺"。秦印在规范上也有严格标准：据"水德"的原理，皆用偶数与阴文，御玺也不例外。天子或皇帝玺印，四字者，采用田界格，阴文。"传国玺"为八字，也依此式。秦印方形面一般为 2.2cm—2.4cm，长方形印面一般宽为 1.2cm—1.3cm，长为 2.3cm—2.4cm，恰当正方形印之半。秦私印自由些，有椭圆形、圆形、L 形等不一而足。秦印之艺术魅力，在于它节奏明快，率意天真，巧中有拙，拙中藏巧，动静结合，艺术性极高。此后汉印又是一高峰，冲破田界格局，汉为土德，土数五，故"官名更印章以五字"。俸禄两千石以上丞相、诸卿、将军、太守够格用五。同时规定两千石以上官称"章"；两千石以下的官称"印"。印章布局分三行平均分配，若是五字者，最后一字独占一行。汉印书体用"缪篆"。其手法阴阳互用，图文合印，端庄典雅，影响后世数千年。汉印阴文填满，字取平正，温柔敦厚，均满雍容，具有极高审美价值，故后人一致推崇"印宗秦汉"。唐以后，实用印章分化出书画鉴赏印和书画款印等多个印种。中华文化宝库中，印坛印人辈出，印论、印风历朝历代皆有显赫印宗闪现。才华横溢，流派延续，这亦是中华印坛别于其他三大文明古国之处。我国印坛光大完全可雄视全球。

汉阳府印

二、武汉人民攥紧手中的印把子

宋晓丹、张嵩编撰《武汉印记》，全选自武汉前朝 265 年，历朝历代各级政权官方"府印""关防"，即通称为"公章""图章"。它是上级颁赐给下级行使行政权力的凭证。历朝历代拜官授印，辞官交印，罢官收印。总之印把子是权力的象征。古时升帐拜印，弃官挂印，败北护印的轶闻轶事早有耳闻。印章种类多，规格有定规。中央与地方常设机构如吏、户、礼、兵、刑、工六部均用正方形，如清朝汉阳府印，78mm×78mm，实际为两长方形，汉满阳刻文字各半，这是满人入关后的特征。四周边宽 4mm，显示官方的威严，已打破田界格惯例。清朝官印，满汉文字各半，正方形内有两方长方形印章。

湖北都督之印

政府之下属各种机关、团体之印，各个时期分别称"官防""图记""铃记"，均用长方形印，显示公文法律性、权威性。清末汉口设有五

湖北省政府印

个租界，其领事也沿用中国法律制度，入乡随俗。1862 年日本驻汉口领事关防，全文"大英钦命驻镇汉口通商管事关防"总共 15 个汉字，英文 BRITISH CONSULATE。关防为长方形，60mm×95mm，英文在上方，中文在下方，占印面三分之二以上。

　　1911 年民国以降，湖北辛亥首义成功，建立鄂军政府，由黎元洪任大都督，其 12 字印章，为武汉人民首次把权力攥在手中，见证了辛亥首义胜利的成果。抗日时期，武汉沦陷，（日伪）武汉特别市市政府印，是黑暗屈辱的亡国奴生活的见证。当年市长汉奸张仁蠡为张之洞的第十三子，解放后被镇压。1947 年 12 月湖北省政府印，当年省主席为万耀煌。信笺上注明监印高元熏，校对李龙章，亦是旧例，说明此亦为贵重之物，特派两人执管。此市档案资料丛书，宋、张二主编花费极大精力，专业慧眼，推出精品，为市民在印章方寸精品之境，进一步认知昨日武汉历史的背影，为我们提供中华文化精神财富的艺术盛宴。在新时代巨大的洪流中，此亦更具现实的促进作用。我们为之点赞！

丧葬，人类永远的文化

　　丧葬是人类处理亡者的方式方法。丧者即"殁"，古人葬即"藏也"。原始社会环境恶劣，生产力低下，人们对自身、社会、世界认识极其有限，但相信动植物都有灵魂，称为"万物有灵论"。更笃信"灵魂不死"，生者善待殁者肉体，使其护佑生者。人类祖先在茹毛饮血时代便开始正视死亡

山东曲阜孔林

现象，他们将自己的亲人亲手埋葬，使心灵得到安慰。第一个将亲人埋葬的人，是智者，是伟人，也是巨人。他创造了人类最悠久的一种绵亘不绝的丧葬文化。

纵观五大洲各民族对亡者各有一套处理方法，因时因人各国普遍产生土葬、火葬、天葬（风葬）、水葬、悬棺葬等习俗。其主流还是土葬，中国民俗"入土为安"表达了对亲人的眷恋和对灵魂不死的信仰。从印度的金字塔到秦皇巨陵、茂陵、乾陵、中山陵等超大陵园，足证原始人和现代文明人的价值观是一脉相承的。我中华古往今来丧葬习俗有极其严苛的定制，且已形成规范，这是其他异邦望尘莫及的。我国先民埋葬死者的形体标志曰墓、坟、冢、丘、陵等，其历史悠久，各个有别。

一、墓、坟有别

人类对自身的墓葬意识发生在约 4 万年前的旧石器时期中叶，那时才开始将死者尸体进行埋土掩藏。《礼记·檀弓》："葬者藏也，欲人之弗得见也。"古先民埋葬死者，使不暴露在外，不堆土植树者称之为"墓"。

西安秦始皇帝陵

"坟"的称谓比"墓"要晚得多，坟本来是指高出地面的土堆。《礼记·檀弓上》："古者墓而不坟。"春秋时期对死者墓葬的"不封不树"已被突破，墓上便出现土堆，墓上土堆圆而尖者称之为坟了。当今"扫墓""上坟"仍在使用，"坟墓"一词同组新词大家早已习以为常了。

二、冢、陵不同

先民将墓上的土堆尖者称"坟"，圆而平者曰"冢"。冢比坟高，甚至其封土像丘垄，故曰"丘"。楚昭王的坟墓称之为"昭丘"，吴王阖闾之墓称之为"虎丘"。内蒙古呼和浩特市南郊有西汉王昭君王嫱之墓，称为"青冢"。青冢占地3公顷，墓高30米，墓门后有董必武主席题诗，墓顶为平台。王昭君境遇坎坷，初嫁呼韩邪单于，生一子，婚后三年老呼韩去世，依胡俗转嫁长子雕陶莫皋为妻，生有两个女儿，此二女曾入长安侍候太皇太后。呼市人对湖北人特殷勤，称之为："舅舅家来的远客。"

秦代天子墓为"冢"，汉代称皇帝墓为"陵"，通称为山陵，且山陵高固，是帝王冢的专称，也是皇权象征。墓地还建有豪华的陵寝和陵园。陵

北京明十三陵示意图

寝是指建造供灵魂起居的寝殿，即"视死如生"。陵园是各种祭祀建筑和园林。我国从秦始皇开始，统治中国的 300 多个皇帝中唯独元代 14 个帝王没有陵墓。此后相传把埋葬圣人之地叫"林"。全国仅有林两处，其一为文圣孔子曲阜墓地，其二为武圣关羽山西墓地，是中华文化尊贤的象征。孔林、关林是中华文化两颗闪耀的碧珠。

　　丧葬礼仪人类共有，是人类区别于动物的特征。丧葬是给死者提供通往天国的通行证，更是存者的自我安慰和坚持信仰的象征，它是人类文化重要组成部分。"慎终追远"更是中华美德，我们要传承，发扬光大，丰富中华文化瑰宝。

呼和浩特市王昭君青冢，王嫱之墓。

方块字　中华文化红玛瑙

　　璀璨夺目的四大文明古国，随着历史长河，巴比伦、古埃及、古印度三国，因天灾外躁文明中断，辉煌难再，唯我中华五千年文明传承至今，傲世五洲诸邦，称霸于世。其奥妙在于博大精深的中国古代文化充满魅力，蕴蓄着无穷智慧，可与任何民族媲美。中华文化是世界仅见的延绵不绝、高峰迭起的文化系统，它以卓异风格、多方面成就让世人叹为观止。二十世纪初帝国主义殖民强盗洗劫圆明园、窃取千佛洞，敦促了中国了解自己民族文化传统，真实地把握中华文化历数千年而不衰，理智认识中华文化几个世纪由先进转为落后的原因。中华文化在内部各族文化相互融汇、相互渗透中得到发展，进而博采外域中精华走向雄浑壮大。中华文化具有顽强的再生力，无与伦比的延续性。文字和书籍的出现是人类文明的飞跃，是中华文化两大瑰宝，独特的非拼音文字的方块字，成为中华文化的一大特色，更是宝库中一粒色美亮晶的红玛瑙。它打下中国封建社会大一统结构的烙印，对于民族心理结构的凝结，起着至为关键的作用。古今八方通用的汉字，助成中国数千年政治上与教化上之统一，完成形制一律的汉字对国家统一的巨大功能。

一、汉字文化圈

　　自古就有世界五大文化圈，其一为西方基督教文化圈；其二为东正教文化圈；其三为伊斯兰文化圈；其四为印度文化圈；其五即为中国文化圈，也称汉字，汉字自公元前四世纪后，便传入朝鲜、越南、日本等国，成为通行于这些国度唯一公用的文字以及国际间交往的通用文字。其后，东亚各国参照汉字创制本国文字，但汉字影响至今犹存。在悉尼各大机场和巨型超市收银台上显眼处有简体汉字标牌"欢迎使用银联卡"；日本东京的银座闹市，柜台上更有简体汉字标牌"本店可用普通话"；在泰国芭堤雅神殿寺四面佛景区众摊贩中，醒目的武汉鸭脖子、周黑鸭、鸭肝、凤爪、烧腊等简体汉字广告牌，和汉口大智路上别无二样，叫人立感亲切。前不久，联合国已正式宣称，汉语是国际通用语言之一，中国文化圈将会进一步扩展到五大洲，为人类文明文化的发展，作出更大贡献。

二、仓颉造字，汉字知多少

人类幼年时期，结绳、木刻、图画，以及在器物上划刻，曾是帮助记忆、交流思想的重要记事方法。经过漫长积累，文字终于孕育而生。公元前 2500 年黄帝命仓颉造字。仓颉别具才慧，通于神明，他仰视天上"奎星圆曲之势"，俯察地上"龟文鸟迹之象"，从自然之美中受到启示，又经历千万无名氏集体创作，创造出汉字。鲁迅曾言："文字所作，首必象形，渐而会意、指事之类兴焉。"

自黄帝至今，汉字不断发展传承。方块字，知多少?

（1）《说文解字》汉许慎撰，收字 9353 字。

（2）《康熙字典》清康熙四十七年（1710 年）张玉书、陈廷敬编，收字 47035 字。

（3）《佩文韵府》清康熙年间，张玉书编，收单字 19000 多个。

（4）《中华大字典》1915 年中华书局编，收字 48000 多个。

（5）《辞源》1915 年陆尔奎、傅运森编，收字 10000 多个。

（6）《辞海》1961 年试行本，收字 14000 个。

（7）《新华字典》新华辞书社编，1992 年重排本，收字 11100 个。

综上所述，方块汉字准确数字，无一权威认证。只有等待新时代科学统计结果。

三、方块汉字拼音来历

古老的汉字与时俱进，明代万历年间，意大利传教士利玛窦用拉丁字母给汉字拼音，后来法国传教士金尼格又用 25 个字母给汉字注音。英国驻华公使拟定"威妥玛式"拼音方案最有影响。

1892 年，卢赣章仿拉丁字母笔画创造了"切音新字"。1926 年国语统一筹备会制定了"国语罗马字"。1931 年吴玉章又制定"拉丁化新文字"。1958 年颁布了《汉语拼音方案》，对推广普通话登上国际交流舞台起到重要作用。联合国认定汉

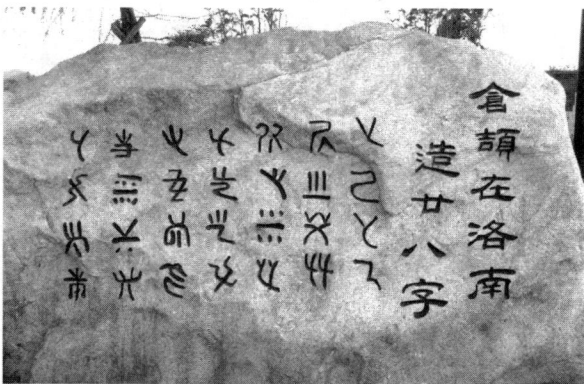

仓颉造字

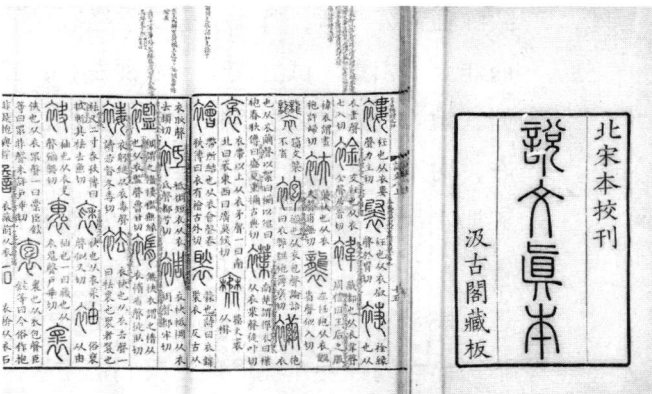

《说文真本》

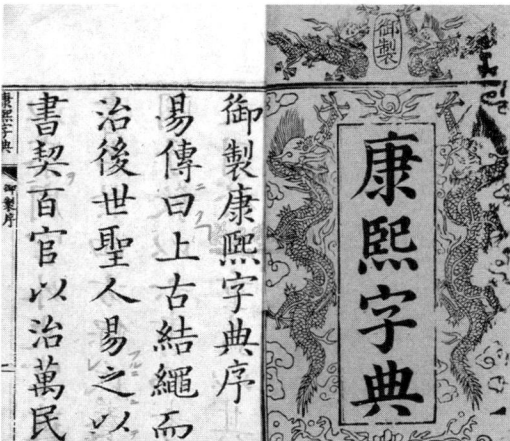

康熙字典

字普通话为五种官方专用语言之一。五大洲孔子学院遍地开花，掀起学汉语、讲汉语的高潮。

四、汉字为何由竖写改成横写

汉字自上而下，由右向左竖写方式有几千年历史，人们习以为常。到了近代，世界文化交流，汉文中常要出现外文单词、阿拉伯数字等，这样竖写就很不方便，亟待进行改革。新文化先驱者《新青年》杂志编辑钱玄同第一个提出将汉字竖写改横写。该杂志1917年3卷3期，刊登了钱玄同致陈独秀公开信，首次提出汉字竖改横的见解。他说："人目系左右相并而非上下相重。试立室中，横视左右，甚为省力，若纵观上下，则一仰一俯，颇为费力。以引例彼，知看横行较易于直行。且右手写字，必自左至右，均无论汉文西文，一字笔势，罕有自右至左者。然则汉文右行，其法实拙。若从西文写法，自左至右横迤而出，则无一不便。"接着钱又在《新青年》连续发表4篇公开信，积极倡导竖改横的主张。陈独秀、陈望道等学者也表示赞许。此后，汉字自左至右横写便逐渐普及至今。方块汉字是中华国粹之闪耀发光红玛瑙，我们定要永远发扬它无穷尽魅力，为五大洲全人类服务。

汉口五大租界沧桑史

18 世纪中叶，英、法等帝国主义相继完成工业革命，资产阶级靠暴力手段掠夺国内外劳动人民而发家，资本主义用火和剑开辟自己道路。头号资本主义国家，工业量占世界总产量一半的"日不落"英帝国，拥有十几万装备精良的陆海军，在争夺殖民地的战争中，先后击败了葡、荷、法、西班牙，取得海上霸权。随后向东方扩张受到挫折，英帝为了维护罪恶的鸦片贸易发动两次对华战争。他们由 48 艘军舰，540 门大炮，4000 名士兵组成"东方远征军"，攻打广州，又北上攻陷虎门、定海、镇海、宁波、镇江。1842 年 8 月 29 日，清政府在英帝炮口下签订第一个不平等的条约——《中英南京条约》。1844 年 7 月 3 日美国迫使清政府签订《望厦条约》，1844 年 10 月 24 日法国迫使清政府签订《黄埔条约》，继英、美、法之后，比利时、西班牙、葡萄牙、荷兰、瑞典、挪威、普鲁士及丹麦等西方各国纷至沓来，争相要求订约，无能的清政府一概应允了。自英帝以大炮为先导，迫使中国向整个资本主义敞开大门，中国从此走向一个半殖民地半封建社会。清政府割地赔款。列强在开放城市划地，用极其廉租年银建立"国中之国"的租界，成为帝国主义从政治上、经济上、军事上、文化上直接实行殖民统治的据点。上海有英、法、美三个国家租界。天津有英、法、美、德、俄、意、日、奥地利、比利时等九国租界。汉口有英、俄、法、德、日五国租界。广州有英、法两国租界。厦门有英、日两国租界。其他还有九江、镇江、杭州、重庆、福州、苏州等六城都只有一国租界。下文简介汉口五大租界的屈辱沧桑史。

一、盘踞长、繁华的英租界

1861年3月21日英驻华海军司令贺布和参赞巴夏礼率四艘军舰和几百名水兵向汉口开来，在如此巨大武力胁迫下与湖北布政使唐训方签订了《汉口租界条款》，汉口割下首个租界。这个巴夏礼在汉阳知府陪同下，看中花楼街往东8丈，到甘露寺江边为止，宽达250丈、进深110丈约458亩的地界。以年交纳地丁和漕米银92两6钱7分的价格，永租于英国官员，英人在此建屋造房。每亩年银仅8.04两，可说是极为便宜的价格了。首任领事金执尔在汉口横行霸道，沿英租界修围墙，把界内中国人60片土地买下。汉口各国商人在汉口开设银行110家，洋行、商店、工厂竟有60%开在英租界内。著名大洋行80%都在英租界。中国人不能直接购房，英人要收中介费。界内禁烟、禁赌、禁娼。华人肩挑负贩者不得走人行道。擅入江边

武力胁迫，首个汉口英租界旧影。

草坪者重罚。传教士杨格非由上海到汉口传教，1931 年兴建富丽繁华的荣光堂。渣甸医生创办怡和洋行，在汉口建房百余栋，用来出租牟利，年收入达 20 多万。他们在三教街建公寓，中共著名的八七会议便在鄱阳街 45 号至 46 号召开。1866 年汇丰银行在汉口登陆。已赚得钵满盆溢的汇丰花费 150 万银元修建大楼，派纳工程师设计，中国公司汉协盛承建。大楼是汉口最典型西方建筑，也是汉口最漂亮最精致的建筑。1902 年怡和大班杜百里兴建六国洋商跑马场，每月总收入 4 万元；赛马期间，一天收入可达 20 多万银元。1955 年在跑马场原址建解放公园。英工部局和汉阳人刘歆生修建江汉路，沿街集中修建一批充满西方情调的老房子，成为汉口最热闹的街区。1926 年北伐胜利了，30 万人对英大示威。1927 年 2 月 19 日收回英租界，划为汉口第三特区，一举结束英人盘踞 66 年的殖民历史。

二、短命而舒适的德租界

1862 年德人在汉口建了美最时洋房。1898 年德国领事禄理玮在汉口堡外租得长 300 丈、深 120 丈总共 600 亩土地，永租德国国家。每年交钱银

Hankow. — Bund Allemand.
German Bund.

清静的汉口德租界沿江街景，仅存三十七年。

121 两 3 钱 2 分。德租界远离商街闹市，故十分清静。他们修网球场，修波罗馆，提供德人娱乐享受。德人在长江边设了六个码头，六条道路彼此平行垂直于长江街道，分别命名为皓、福、禄、寿、宝、实。1922 年收回后，成为特别区，将此六条马路重新命名为一元路、二曜路、三阳路、四唯路、五福路、六合路。1944 年 12 月 18 日美机对德、日租界轰炸，德人美最时洋行蛋厂、电灯厂及住宅全部毁坏殆尽。一战后收回又被强索去 22 年的土地，终完全回到中国手中。

三、为砖茶而来的俄租界，最早收回的国土

1896 年 6 月 2 日俄人在与法租界交错处租得 414.65 亩土地。他们开了顺丰洋行、阜昌洋行、新泰洋行。三家茶砖厂垄断了汉口茶市。其利颇丰。俄人购置房产，新建有李凡诺夫红楼和巴公房子，全是俄式民居特色。俄十月革命后，1924 年中国收回俄租界，改为汉口第二特区。

THE BUND. 露 租 界 河 街

汉口俄租界河街静悄悄

四、糜烂的法租界最小

1896 年 6 月 2 日，中法签订了《汉口租界条约》，占地仅 187 亩，年租银 37 两，每亩仅 5 两。租界内商店密集，大智门火车站，带来最大的商机。1919 年修成的豪华的德明饭店，充满法国风情，各色小旅馆应运而生。彻夜灯红酒绿，有声开冷暖的电影院、明星大戏院、天声大舞台等娱乐设施，完美体现汉口现代繁华气息。1943 年日本为了安抚汪伪政权，竟将日、法租界权力交还汪伪政权，完全是一场闹剧。1946 年中国正式收回。

汉口法租界街景

五、藏污纳垢的日租界，膏药旗下情报站

1898 年日本在汉口德租界下游长江 300 丈，开辟了租界，占地 247 亩。日本无心经营它，商业不振，而将之作为蚕食中国的据点。日本在汉口派遣间谍搜集各种情报。中国的山川、人口、物产、运输、兵制、粮仓、风

俗服饰都有详记，为以后入侵中国做准备。日租界开界最晚，且经营最糟，是档次最低的租界。租界内建有日式风情街，但冷清，是日人贩运军火、走私毒品的大本营。日人霸蛮，不准中国人居住，欺负百姓，发生两大惨案。二战时美机将整个日租界炸成废墟。收回日租界是一波三折。1938 年 8 月 13 日第一次收回日租界，改为第四特区。后汉口沦陷，日本重来。1945 年日本无条件投降，完全收回日租界。历经 47 年，日租界最终结束。

红头洋人印度巡捕站岗

汉口日租界山崎街站岗的印度巡捕

汉口五大租界是列强深入中国内地侵略的桥头堡垒，是巨龙肌体上曾经盘踞 84 年之久的毒瘤，是国中之国，中国部分主权完全丧失表征之一。也是中国陷入半封建半殖民地社会后的畸形胎儿，虽然它在中国西学东渐的进程中带来昙花一现的西方文明。列强在租界内兴学校，建医院和教堂，大办工厂与金融，同时在长江水域派钢船利舰镇守，在通衢要冲飞地布重军设防。大力培养买办洋奴为其服务。其初心是在汉口夺主权，占治权。至今汉口留下众多街区与洋楼，那是租界的副产品，即使没有列强，能建万里长城和圆明园的民族，我们会超过它千百倍。回眸汉口深重灾难的租界史，追觅前辈在激荡岁月里曲折奋斗救国的足迹，在今天新时代，仍是有历史和现实的意义的，能从历史另一角度，发出我们伟大民族的正能量之声。

岳飞后裔今何在

在新时代到来之际，弘扬我中华传统优秀文化，继承"精忠报国"精神，学习抗金名将岳飞史诗般的 39 年辉煌灿烂的人生，可明鉴中华民族不屈不挠的历史缩影。岳飞在绍兴十一年（1142 年）一月二十七日于杭州风波亭，被赵构、秦桧以"莫须有"诬名杀害，年仅 39 岁，时至今日，足有 878 年了。我们寻觅岳门后裔，是对岳武穆深深的敬意和眷念。

一、岳飞家牒

岳飞（1103 年 3 月 24 日—1142 年 1 月 27 日），字鹏举，祖籍山东，宋扬州汤阴县人，我国古代著名军事家、战略家、书法家、诗人。岳母教子有方，在飞后背刺青"精忠报国"闻名于世。宋时为奖励人口，为国增丁，规定男十五、女十三必婚，违者必罚国策。岳飞有五子、二女。曾有二妻相侍。前妻刘氏生长子岳云、次子岳雷。刘氏后改嫁他人。宋建炎四年春，岳飞在宜兴和二妻李氏结婚，李氏比岳飞长两岁，婚后居唐门，生有三子岳霖、四子岳震、五子岳霆，大女儿岳安娘是李氏带来的，二女儿岳银瓶，因抱瓶跳井而死，故名。五子岳霆原名岳霭，宋孝宗皇帝赐名岳霆。

二、岳门胤嗣

岳飞家门开基近九百年，代有闻人，至今绵绵瓜瓞，卜世长久矣。虽经大劫，岳门后辈秉承"精忠报国"家风，奋斗不息精神，在各代历史时期，其家室或兴、或衰，或上、或下，或沉、或浮，其子孙仍昌盛繁衍于世，竹简垂名，宏宗耀祖，足以令国人尊敬。

(1) 长子岳云：岳飞与前妻刘氏所生。武功高强，曾随父征战，收复失地，绍兴十一年除夕和岳飞部将张宪冤死于杭州官巷口，年仅 23 岁。二十年后（1162 年），宋孝宗初年随父平反，同复原官位，以礼附葬。赠安远军承宣史。岳云有二子：长子岳甫，次子岳申。平反后岳甫累官至吏部尚书。岳甫育有七子，初居苏、杭，后散居各地。岳甫长子岳觐，曾任江西新昌主簿。至 9 世岳峨、岳嵋，因到元朝，率其后裔隐居安徽凤阳临淮乡间。13 世岳显远，任长沙指挥使，遂定居长沙。至 17 世岳海，随伯父岳以礼从长沙迁湖南益阳交河童保村。19 世岳时云定居益阳华林段（白厂塘乡），成为岳门益阳一支创始祖，并在洞庭湖繁衍。岳甫次子岳觌，任江陵安抚史，世居杭州。20 世纪传至 31 世，杭州南垫、青安桥等地有 10 多支岳飞后裔数万人。

(2) 次子岳雷，为岳飞前妻刘氏所生。宋靖康元年（1126 年）三月十七日生于山西定县军中。十六岁时入狱侍其父，亲见父兄冤狱、受酷刑。亲睹父兄惨死。随后母李氏发配岭南，没等到平反，死于流放之地。岳雷有四子，岳经、岳纬、岳纲、岳纪，他们均封有官职。岳纪曾任镇江提典医学。其后裔多居苏、杭、常州等地。至 8 世岳辅迁湖北荆州。明洪武年，13 世岳俊青随朱元璋属将傅有德向黔、川、滇进军。岳俊青任都司之职，镇守云南乌撒（今贵州威宁一带）。至今已传 30 余世，其后裔散居贵州各地。

(3) 三子岳霖，岳飞遇害时年仅十二岁。李氏在宋建炎四年（1130 年）春在宜兴生岳霖。能文，对先父文稿增删校订。岳霖同母李氏及二哥岳雷一同流放岭南。平反后官至朝议大夫、敷文阁待制，赠大中大夫。岳霖之三子岳珂，著有《金佗精编》28 卷，续集 30 卷。曾任嘉兴知府、朝议大夫、户部侍郎。后岳珂一支分布阳谷、梁山、莘县，岳飞10世孙岳宏转至汤阴祖籍定居。还有一支迁至山东聊城，岳飞祖父原籍所在地。20世孙岳俊，21世孙岳芝、岳兰接待过乾隆使臣。岳珂之28世，岳石尘善书法交友，88岁时仍耳聪目明。新时期到来之际，他曾赠邓小平国画《双寿图》一幅。一门忠良，爱国心可鉴。

（4）四子岳震，居九江沙河家中，其父遇难时年方7岁，被当局追杀，改姓鄂，隐居避祸于黄梅县聂家湾，一脉传承至今，后裔仍在该县大河镇。二十年后，孝宗给岳飞平反昭雪，禄其子孙，恤其家族。封岳震为朝议大夫，江南东路平茶盐公事，加封为缉忠侯。岳震育6子，其四子岳琚，袭统制居杭州，后在抗元中殉国。9世孙岳弦，元朝时任江西吉家府教授。明初12世孙岳洄春迁衡山，今有32世，子孙散居衡南、湘潭及云南、湖北等地。岳震死后葬杨梅岭下"老树坡"上，后岳霆死后迁来两兄弟建合墓，"文革"中墓碑被做了涵洞或成为木匠磨刀石，至今下落不明。

（5）五子岳霆，其父遇难时尚幼，年仅五岁，尚未成人。原名岳霭，武艺出众，打擂杀了奸相子，帝命赐为岳霆。育有三子，岳璠、岳与、岳琨，璠、与分居邵阳、阜阳，琨留黄梅、广济两县。15世孙，明万历时立军功，官拜总兵，守卫颖州，为国立战功。

三、岳门遗韵

物换星移，沧海桑田，巍峨辞宇。宋岳武穆王爱国情怀，近九百年来国人敬仰，与汉关公同辉，祀为军之魂。岳门后裔历经流放、追杀、流离失所，全球岳门以老祖宗岳飞血脉为荣。2006年，岳飞三子岳霖有一支后裔定居丹阳市全州镇培棠村，岳飞38世孙岳俊、岳国辉等22人光荣加入中国人民解放军。半个世纪以来，该村共有100余子弟赴军营保家卫国。

据报载：2017年韩国岳飞后裔过万人曾组团来杭州祭祖，有家谱为证。当年朝鲜大将李成桂收留了逃难的岳飞后裔，他夺了王位后，封岳氏子为青海伯，赐姓李。这一支岳氏族人亦遵祖训"一生不与秦姓人通

杭州岳飞与长子岳云墓

婚"。2013 年也曾来 100 多人参拜岳飞祠，当场跪诵《满江红》，围观杭州百姓流涕陪跪，全场游人动容不已！此事至今留传杭州市人民的口碑中。

岳飞后裔在辽宁有一支岳姓，在黄梅有一支"乐"姓、一支"鄂"姓。

汉奸秦桧夫妇跪像，跪了 800 余年。

岳飞墓在杭州，岳母墓在庐山，岳祠在汤阴县，此三处皆有秦桧、王氏、张俊、万俟卨 4 人铁铸跪像。这真是"青山有幸埋忠骨，白铁无辜铸佞臣"的写照。秦桧宗族也在杭州附近。乾隆年间，有位秦姓人来到岳墓前很有感慨，写了一名句："人自宋后少名桧，我到坟前愧姓秦。"据报载，前年竟有秦桧32世孙，某中学教师秦良，他见祖先跪像，心中有莫名憋屈，对人说："都跪了近九百年，该到站起来的时候了！"游人哪能苟同。老话说："忠义之人流芳千古，奸臣贼子万人唾骂！"人同此心，心同此理。

武汉是岳飞四次北伐抗金的大本营，驻鄂州（今武昌）8年之久。帅府设武昌司门口（今广东商城），校场设沙湖湖畔，马队驻粮道街马蹄营，水军设在沙湖岳家嘴。汉阳城外岳家军驻地颇多：今冰糖角（兵藏角）、邓甲村（顿甲岭）、马沧湖（马藏湖）等。南宋淳熙五年（1178年），岳飞被追谥武穆，称号为宋岳鄂王。1170年孝宗在武昌大东门为岳飞立忠烈庙。武昌区流芳岭还有岳飞三子岳霖后裔30余代，繁衍至今。

武昌蛇山上的岳飞铜像

历代三镇皆有岳庙祭祀，现皆无存。建议当局在汉阳修岳庙，延绵"精忠报国"传统中华文脉，弘扬岳飞大无畏保家卫国的精神，世代相传！民国皖系将领徐树铮上将曾将《满江红》谱成军歌，率西北军高唱《满江红》，于1919年收复外蒙古，声名远扬。

武昌岳武穆遗像亭

《满江红》碑刻

　　自"九一八"事变后，旅日粤商刘自念收束归国。1931年10月23日，为儿子出世满月之日，在筵席上向戚友宣言曰："今倭奴挑起事变，蓄意并吞我国，我们再造复兴之责，全在此新国民身上，所以聊效古人刺背示训之举，以志不忘也。"说毕将其子置于桌上，亲自提笔疾书："国可无，心不可死，不报国仇，不是我子"十五个字于背上，并以蓝药水涂之。观者无不为此感动，热血沸腾，爱国心弦，咸怒张不已。众人举臂大声疾呼："誓灭倭奴，同心救国！"

　　宋岳鄂王岳武穆将军，在民族危亡之际，尽忠报国，"撼山易，撼岳家军难"的军魂、国魂，早已活在人民心中，他的丰功伟业及高度的爱国情怀永驻汗青！

馒头、包子溯源

馒头、包子被誉为中华面食文化的象征。馒头原叫"瞒头"，它是一种发酵面团蒸食。馒头起于汉朝，其名初见于三国时代，距今已有 1700 年。宋人高承《事物纪原》："诸葛亮南征孟获，人曰蛮地多邪木，须祈于神，假阴兵以助之。然蛮俗必杀人，以其首祭之，神则响之为出兵也。诸葛不从，因杂用牛、羊、猪之肉，而包之以面，象人头以祠，神也响焉，而为出兵，后人因此为馒头。至晋卢谌祭法，春祠用馒头始列于祭祀之品。"古汉语"首""头"同义，故"瞒首"称作馒头。馒头起源于野蛮时期人头祭，诸葛亮爱民如子，不忍杀无辜，遂用馒头代人头。传至明清乃盛行。明代李诩《戒庵老人漫笔》载："祭功臣庙，用馒头一藏，五千四十八枚也。江宁、上元二县供面二十担，祭毕送工部匠人作饭。"

一、清代始有实心馒头

最初馒头都是包馅的，后来演变到实心，清代始有实心馒头的文字记载。清初吴敬梓《儒林外史》："厨下捧出汤点来，一大盘实心馒头，一盘油煎的扛子火烧。"元代之后，馒头外表艺术化，美曰"剪花馒头"。忽思慧《饮膳正要》载："剪花馒头羊：羊肉、羊脂、羊尾子、葱、陈皮各切细""依法入料物盐酱拌馅包馒头，用剪子剪诸般花样，蒸，用胭脂染花。"

二、五代、北宋始有包子记载

当今实心叫馒头，带馅叫包子。陶谷《清异录》记载五代时就有"绿荷包子"出售。南宋包子传入江南，品种繁多。至今馒头系列有：奶香馒头、黑糖牛奶馒头、甜菜根双色馒头，火龙果馒头、香葱肉松馒头……包子种类也繁多：豆角包子、白菜香菇素包子、香葱肉松包子、蟹黄包子……北式的狗不理包子，南式的鱼包子、灌汤小笼包子……南北各有风格特色，任君选之。

三、馒头、包子制法，因时而异

据史载，我国面团发酵可分几个发展阶段：（1）酒酵发面法，盛行于公元 2 世纪前后，用甜酒酿制汁和面发酵。（2）酸浆酵发面法，行于公元

古代壁画描绘蒸馒头场景

6 世纪前后，此古老工艺质量不够稳定，现基本不用。（3）面种发酵和加碱面种发酵法，此法仍在沿用。

四、馒头、包子国粹食品走出国门

馒头、包子是我中华饮食瑰宝，更是传统南北人民主食佳肴美食名片。它丰富多彩、美不胜收的发展历程，说明我国古代劳动人民的聪慧才智。千百年来，随着亿万华人走出国门，品种多样、雅俗共赏等特色的馒头、包子，早已著称于世，它在中国乃至世界饮食文化上占有重要篇章。在世界各地的唐人街美食部、华人超市中，华洋共享场面屡见不鲜。

九鼎轶趣

鼎为我中华文化独有，它是中华儿女傲视于世的达数千年传国之宝。据传鼎本是原始社会炊具，或是盛食物的器皿。古人在陶罐底部安上可稳定的三个足，可谓鼎字的象形。商周时代冶金技术发展，青铜工艺非常发达，用青铜浇铸，就成为贵族权力的象征和等级标志，平民百姓已无权使用了。

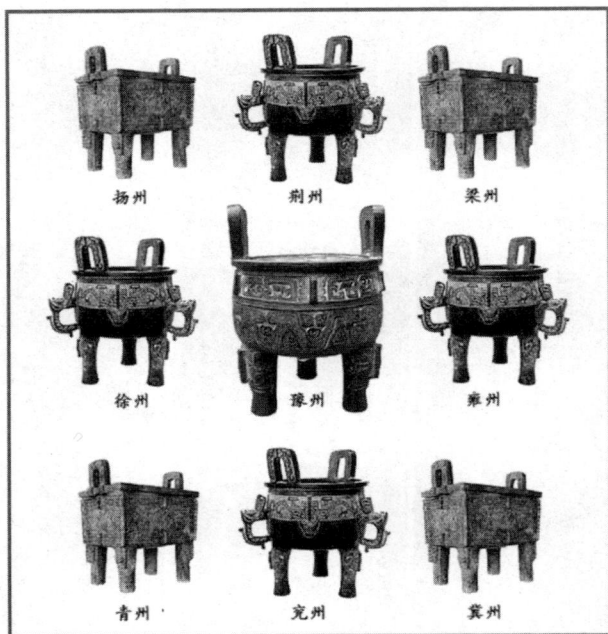

九鼎

一、夏禹铸九鼎

相传九只大鼎是大禹铸造的。《春秋左氏传》说，夏朝初年，夏王划天下为九州，即雍徐青豫冀兖梁荆扬。每州设牧官，掌管军政大权。夏王令九州牧贡献青铜，铸造九鼎。他先派人把全国各州的名山大川、形胜之地、奇异之物画成图册，然后派工匠按图仿刻于九鼎之上。一鼎象征一州，人们一看九鼎，便知当地风俗、鬼怪，以避凶就吉。

这个事还受到天帝的赞美，夏朝也因此得到上天的保佑。

二、鼎之形制与功能

鼎象征王权，成为传国之宝。周代礼制极严，诸侯制鼎需按制而行。《公羊传·桓公二年》何休注："礼祭：天子九鼎，诸侯七，大夫五，元士三也。"春秋战国之际，诸侯林立，群雄逐鹿，周王朝地位风雨飘摇，完全控制不住天下。战国时期礼崩乐坏，反映各诸侯对周王朝的抗争。南方楚族九鼎用制挑战周礼。中原九鼎是大小相次，楚鼎则是花纹、大小、形制相同。周礼楚俗明显有别。楚先君说："我蛮夷也，不与中国之号谥。"楚俗多以九为吉祥。文献记载楚有"九龙之钟""九龙之鼎""九县""九军""九河""九重之台""九天""九野""九头鸟""九问"，棺分"九室"，屈原作《九歌》等不乏其例。

司鼎

考古现存古鼎看出，鼎记载历代王室祭祀和赏惩将臣史实。河南安阳武官村出土一件四足大方鼎，是迄今为止最大的青铜器，距今 3000 多年，鼎高 1.35 米，重 875 公斤，鼎上铸有精美绝伦的纹锦，是商王祖庚（或祖甲）祭礼母亲制的。铭文最长的毛公鼎，计 497 个字，此外，大盂鼎铭文也有 291 个字。铭文为研究当时政治、经济、军事、文化艺术和宗教提供了极其宝贵的实物资料。

鼎之美名成为千古沿用的隐语，后人顶礼膜拜描绘其威严，"鼎立"则赞美其轩昂气势；"鼎盛"喻其社会的腾飞，帝王将相多像鼎一样威慑自己的政基。古汉语以"鼎"为词现象比比皆是，"迁鼎"意味迁都，"问鼎"象征攻伐，"定鼎"标志着安定国家。有趣的是，汉武帝认为获鼎预兆着吉祥如意，政通人和，就改年号为"元鼎"。人世沧桑，斗转星移。

九鼎用制在中原销声匿迹，南方楚族九鼎用制却维持到汉代，直至九鼎辞世，非九为数的鼎到晋朝才真正退出历史大舞台。

三、夏铸九鼎今何在

夏铸九鼎不但是无价之宝，更是镇国之宝，各大国皆觊觎它，更有兴兵前来问鼎者，周代以后竟一直下落不明。纵观众多史料，其一说九鼎失于东周灭亡之前。司马迁《史记·封禅书》中说："周德衰，宋之社亡，鼎乃沦没，伏而不见。"即九鼎早在东周末年就遗失了。班固在《汉书》补充司马氏之说，说在周显王四十二年（前 326 年），九鼎沉没在彭城泗水之下。后秦皇曾驱使几千人到泗水打捞，一无所获。西汉人辛垣平说：周鼎没于泗水，黄河改道，连以泗水。望见东北汾阴有金光宝气，可能是周鼎重现。汉文帝在汾阴建一庙，恭请宝鼎降临，可是一直杳无踪迹。清代学者说：周为了防止大国觊觎，加上财政困难，入不敷出，毁九鼎铸铜钱，免得诸侯前来问鼎，对外谎称不知去向。此说不令人信服，东周为了少量铜而自隳天命？九鼎是镇国之宝，只能与社稷共存亡，岂有自毁之理？后据测，九鼎被埋没在关东。

另一说，九鼎失于秦末。《史记》中说：秦昭王五十二年（前 254 年）周郝王死后，秦从洛邑掠九鼎入秦。此说自相矛盾，若真失于秦末，则埋没关中或彭城，如果项羽破城后，将九鼎载归彭城，史书上并无记载，只能是人们猜测了。九鼎何时能重见天日？它只能与和氏璧一样，成为千古之谜了，只得等待后人来诠释这两道历史难题了。

古代礼器

今古 "籍贯" 觅踪

人类自有典籍问世，其个人履历皆得暴露无遗。其 "籍贯" 一栏是必备的，它便于考察一个人的身世、经历和归宿的全过程。但今古对籍贯的认知差距甚大。籍者，登记隶属关系的簿册，如户籍、国籍、党籍、学籍；贯者，地点、原籍、出生地、籍贯。现将 "籍贯" 之今古差异分述于后：

一、今人 "籍贯" 三说

履历表中有籍贯一档，普遍有三种填法，一随父辈，约定俗成的习惯，大有不忘祖宗功德初心之意，多数中国人都采用此法。二按照出生地，传闻有不少人设法去港、澳或国外生孩子，好让孩子一出世就是外境人。即使在飞机上生产，只要进入该国领空，新生产儿就算该国公民。三以在某地居住时间长度为准。此说历史人物见多，同时这也是

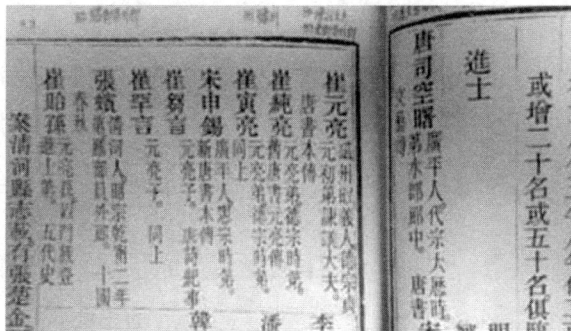

线装古籍书为证

外国人的习惯，中国人只好入乡随俗了。

其实籍贯和乡音、乡愁是多胎孪生姐妹。由籍贯而衍生的乡音，它是打小由母亲教会的，用以传递情感、发表意见的第一种语言工具，从此积习终身难改。就"无陂不成镇"的黄陂话而言，宋代硕儒程颐、程皓讲学京洛仍操满口儿时陂音。九旬台胞胡秋原、李展飞返里两鬓苍然，陂音依旧。当今活跃文史坊间大咖绿原、曾卓、徐明庭、裴高才登坛开课、入室话旧，陂邑乡音绕梁，情真意切。

现代话剧泰斗曹禺，出生、就学皆在天津，其祖籍为湖北潜江，本名万家宝。晚年思乡眷恋故里，亲自接待赴京汇演的"潜江花鼓戏剧团"并发文《我是潜江人》，生前留遗嘱，骨灰一半回潜江安葬，落叶归根，浓郁桑梓之情，令人汗颜与尊敬。近据载，国家一级演员、83岁高龄的谢芳回汉，对记者用汉腔说："武汉是我出发之地，黄陂县滠口镇是我的故乡。"看来乡音永远伴随着你，不管在何时何地，都会带来心灵慰藉，以解多年乡愁之念。

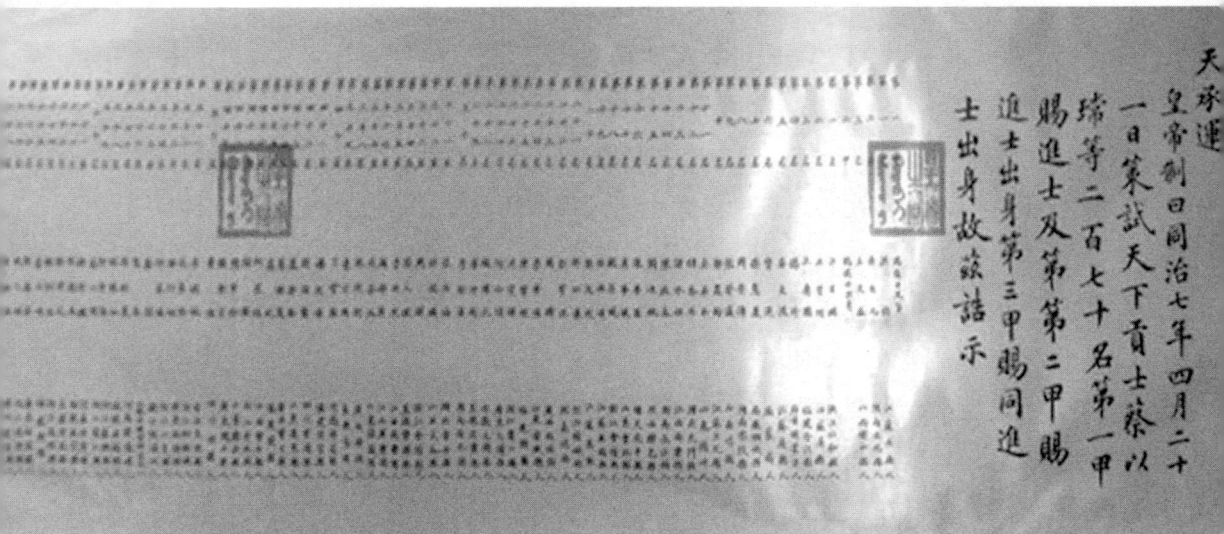

进士榜

二、古人的"籍"与"贯"是两回事

古代史书中说一个人的出生地只说贯，或称乡贯、里贯、本贯，不说籍或籍贯。然而，在古代籍和贯是两码事。《隋书·食货志》："其无贯之人，不乐州县编户者，谓之浮浪人。"白居易《新丰折臂翁》诗："翁云贯属新丰县，生逢圣代无征战。"这两例中的"贯"即是指原籍、出生地，即现代意义上的籍贯。

"籍"与出生地有些关系，但并不是指出生地。籍是指一个人的家庭对朝廷负担的徭役种类，也就是指其所从事的职业。比如承担产盐徭役的人户，唐代称亭户，五代以后又称畦户、灶户、锅户、井户、铛户、盐户等，而以盐户或灶户为其通称。他们具有特殊户籍。这类人户，都对朝廷有供应食盐的徭役负担。历代皆有以籍为标志的户役。同一种户役的人户都编入一份册籍，各种户役有各种册籍，官府按籍征役。普天下人民都属于帝王的差户，各种人都有籍，煮盐的是灶籍，做工的是匠籍，当兵的为军籍，经商的是商籍。籍不变，人民的徭役世代相承，永远不变。可说籍永远是套在百姓身上的铁锁链，千百年来永远解脱不了的！

史林问津六则

一、天安门设计者是谁

　　雄伟壮丽的天安门是中华的象征，它的设计者叫蒯祥。他生于明初洪武年江苏一个木匠家庭里，其父是有名的大工匠，"能主大营缮"。蒯祥30

明代大工匠蒯祥设计天安门华表，人称蒯鲁班。

余岁就成为造诣很高的大工匠了。永乐十五年（1417年），明成祖抽调全国能工巧匠到京兴宫殿，蒯祥被选为工程建筑师，对明宫建筑群进行规划设计。天安门完工后，受到众口赞扬，称他为"蒯鲁班"。当时有一张北京宫殿详图现存南京博物馆，图中还把蒯祥画在上面，以表彰他的业绩。后他定居北京，担任建宫史官，直至工部侍郎。明英宗正统时重建三义殿，明景宗天顺年兴建的十三陵之一的裕陵，都是他的大作，史上有"凡百营造，祥无不号"的记载，声誉颇大。国人毕知。

二、黄河长江谁年龄大

河流年龄用什么方法测定呢？沉积在古老河床的巨砾石、砂和黏土，被称为"古沉积物"，地质学家就是根据此物来确定河流年龄。此法认为黄河年龄已有50万年到60万年，长江年龄则是6000万年，比黄河老多了。长江为老大，黄河为老二。

三、天下几多武侯祠

诸葛亮是我国历史上著名的政治家、军事家。他生前活动过的许多地方，后人都曾建有武侯祠，以示纪念。已知保留至今有七处武侯祠，一处武侯墓：

湖北襄樊隆中武侯祠

河南南阳卧龙岗武侯祠

陕西勉县武侯祠、武侯墓

陕西岐山五丈原武侯祠

四川成都武侯祠

云南宝山武侯祠

甘肃礼县祁山堡武侯祠

成都武侯祠

四、地球有多重?

英国人卡文迪许（1731—1810）是第一个称地球重量的人。地球大，人又站在地球上，他用何法称它呢？卡氏觉得用牛顿的万有引力才是唯一的办法。在实验室采用此法是极为困难的。因为无精确的度量仪器。比如两个一公斤重的铅球，当它们相距 10 厘米时，相互之间引力只有百万分之一牛，即使空气中的飘尘，也能干扰它的准确度，这怎么能实用呢？他为此整天冥思苦想，有一天，他见到小孩用镜子反射太阳光玩，小镜子稍一移动，远处的光斑就有了大幅度位移。他顿开茅塞，连忙按照这个原理改装了实验仪器，使测量的灵敏度大大提高。这样，卡氏用百折不挠精神，终于攀上了科学高峰！1798 年卡氏第一个称出了地球的重量，它的数值是 $5.977×10^{24}$ 公斤，即将近 60 万亿亿吨！

五、太阳有多重？

太阳内是个空亮，它可装 90 万个地球，其空隙还可填 40 万个地球碎片。其径为一百五十九万一千公里。太阳的重量约为地球的三十二万四千倍。

六、华表的来历何在？

天安门那对汉白玉华表，挺拔笔直的柱身上，雕刻着精美的蟠龙流云纹饰；柱的上部横着一块云形长石片，一头大，一头小，远远望去，似柱身直插云间，给人以美的享受。它是中华的标志。

华表有悠久的历史，相传在原始社会的尧舜时代就出现了。那时人们在交通要道竖立木柱，作为识别道路的标志，叫做华表木或桓表。另外，官方还让人们在木柱上刻写意见留言，因此又叫诽谤木。"诽谤"一词在古代是指议论是非，指责过失，即现在的提意见，并非指造谣污蔑、恶意中伤。故诽谤木类似现在的意见箱。

诽谤木是何样子呢？据崔豹《古今注问答释义》载："程雅问曰，尧设诽谤之木，何也？答曰，今之华表木也，以横木交柱头，状若花也，形似桔槔，大路交衢悉施焉。或谓之表木，以表王者纳谏也，亦以表识衢路也。"天安门前华表仍然保持了以横木交柱头，形似桔槔的基本形制。

天安门前一对华表，每个柱头上都有一个蹲兽，头向宫外；天安门后面的那对华表蹲兽的头向宫内。据说，华表柱头上的蹲兽，名叫犼，性好望。犼头向内是希望帝王不要沉湎于纸醉金迷的宫廷生活，它好像对帝王说，经常出来看看你的臣民吧，因叫"望帝出"；犼头向外，对出游皇帝说，快回朝治政，因叫"望帝归"。这自然是古人对君王一种虚幻期望。

万园之园 "圆明园" 的兴建与焚毁

一、清初六朝造奇苑

圆明园是位于北京西郊的皇家园林，康熙皇帝把它赐给其子雍正。它始建于康熙年间，1709 年正式动工，中经康、雍、乾、嘉、道、咸六朝，

圆明园模型总设计师为雷金玉

经过 150 年的经营，终于以人民的血汗为基础，建成了我国历代王朝前所未有的、与法国凡尔赛宫合称世界园林史上的两大奇迹之一的皇家御苑。它占地 5000 余亩，周长 20 华里，乾隆六下江南，遍访名胜，看到名园美景，便令人记下，回京后即在圆明园一一仿造。他在位 60 年，修园工程一直延续未停。苏州的狮子林，南京的瞻园，无锡的秦园，杭州的西湖十景，都在园中得到再现。令人惊叹的是，该园不但吸收了中国园林建筑的精华，而且还引进了西方宫殿建筑的技艺，在一片中国传统宫殿、园苑的建筑中，又加入了一组西方风格的欧式宫殿——"西洋楼"。

圆明园内有玉泉山水流入，水陆各半，山水之间，建有众多楼台殿阁、廊榭馆轩，千姿百态，美不胜收。

二、胜景探幽话名园

圆明园是由"圆明""长春""万春"三园组成，圆明园由康熙命名，御书三字匾牌高挂园门上。雍正解释：圆明是圆而入神，君子之时中也；明为普照，达人之睿智也。圆明园总设计师雷金玉，采用"烫样"模型方法，3000 亩景区，每个景区有宫殿、楼阁亭台与回廊、曲桥、假山、湖泊

英、法两个红毛强盗抢劫圆明园后惨不忍睹之遗址

国耻圆明园遗址公园

以及蜿蜒河流点缀其中，它有 40 景，挂匾额建筑达 600 座。紫碧山房、若帆之阁、文源阁……各具匠心，金碧辉煌。清初六朝帝王广搜中外古今珍贵文物皆藏于园中，使这所景色宜人的园林，同时成为宏伟壮观的博物院和艺术馆。园内陈设，洋洋大观，瑰丽多彩，收集有各地奇花异石，珍宝古玩，各邦馈赠之各种贡物和礼品。据估计，北京中、南、北三海内珍宝加在一起，也无法同圆明园相比，总计文物约有 150 万件以上。法国大作家雨果曾说："把法国各大教堂的宝藏集拢在一起，也抵不上东方这所庞大、辉煌的博物院。"在这一片中国传统建筑群中，加入一组欧式西洋楼宫殿。它是传教士郎世宁、蒋友仁、王致诚设计指导的杰作。其形制体现欧洲文艺复兴的巴洛克风格。它由谐奇趣、方外观、海晏堂等十余庭院组成。其中大水法气势大，数量多，构思奇特，吸人眼球。

三、挥之不去的浩劫与痛楚

咸丰十年（1860年），英法联军攻占北京后，10月6日又占据圆明园，进行疯狂抢劫。英国军官特里斯和戈登带士兵抢劫。圆明园大臣文丰战败投福海自尽。10月18日英国密克尔兵团3500人进园纵火。龚自珍的孙子龚孝拱出主意怂恿额尔金烧园，自己也参与抢劫，后在上海嫖妓，得梅毒而死。全园火烧三日不熄，园内太监、宫女、工匠300人，无一幸存。全园化成一片瓦砾场。雨果以无比辛辣的笔墨，强烈谴责了侵略者的强盗行径。他写道："有一天两个强盗闯进了圆明园，一个抢劫，一个放火，似乎得手后，便可行窃了……两个胜利者，一个塞满腰包，一个装满箱箧，他们手挽手，笑嘻嘻回到欧洲。这两个强盗，一个叫法兰西，一个叫英吉利!"

洋人走后，圆明园的劫难并未消。太监和兵丁与窃贼又展开了持续40年的游击战，他们抢劫尚留的林泉山石，滥伐树木，烧成木炭出卖。民国后，军阀更迭，搜尽石材，每天几百车往外拉，继续20余年。1929年，张学良建其父陵园，所用原料来源于圆明园。日占时鼓励开荒，农户入园，平山填湖，开田种稻，湖山之胜遂荡然无存。目前已建成圆明园遗址公园，留存国耻，教育国人!

四、12生肖兽首归去来兮

西洋楼前海晏堂大水法12生肖水力报时钟，是喷泉的一部分。它由郎世宁设计，蒋友仁监修，宫廷匠师制作。早先为西洋裸女雕像，乾隆认为有悖中国伦理道德，未采用，故改为兽首石雕着袍服座像，头部生肖为写实风格，民俗化强，兽首褶皱和绒毛细微，清新逼真，色泽深沉，内蕴精光，青铜精品，百年不锈蚀，堪称一绝。

自1860年被英法掠夺，至今一个半世纪，12生肖亲们，你们身居异国他乡安康否？国人牵肠挂肚。强盗赃物露面于19世纪，美国人在法国某花园见到三只兽首，花了 3500 美元买回。此后在各地拍卖会上偶露尊容。1985 年午马 1500 美元成交，申猴 1500 美元。2000 年丑牛 774.5 万元港币，申猴 818.5 万元港币，寅虎 1544.475 万元港币，均落槌成交。2007 年澳门爱国商人何鸿燊 6910 万元港币购午马无偿捐给祖国。亥猪价 600 元人民币，完全以公益方式回归祖国。王度花四五百万台币购回辰龙。2013 年法人皮诺家族无偿捐赠子鼠和卯兔首给中国。至此 12 生肖中，已有 8 个走上漫漫回家路，在屈辱曲折中延伸。仅有巳蛇、酉鸡、戌狗、未羊 4 尊继续舶居海外，下落不明。我深信强大的中国，最终会使流散的宗亲圆满回到圆明园老家。

圆明园 12 生肖是镇园之魂，它们各具形态，或张目昂首，或悲情扭曲，似在诉说、在控诉、在凝结、在祈盼，充分表达了民族悲愤雪耻之情，它铸就了近代中华民族历史悲怆。

圆明园大水法 12 生肖兽头还有 4 尊舶居海外未回归

筷子简史

筷子，古时又称"箸（zhù）"，为我中华文化宝库又一奇葩。据东汉时许慎所著《说文解字》里说："箸者，饭敧（qī）也。"敧即倾斜，歪向一边。吃饭持箸自然倾侧，故称之。又因古人十分讲究忌讳，而"箸"同"住"谐音，此"住"又有停止的意思，故谓不吉利之语，人人都希望一帆风顺不住地前行，所以很自然地就反其义而称，改"住"为"快"了。此物大都以竹子制成，因此"筷"字上冠以竹头。

我们祖先早在三代的商纣时便开始使用筷子了。别看用筷子吃饭是桩小事，但在人类文明史上，也称得一个值得推崇的科技小发明。猿人使用工具是开化进步的象征，有人曾作专门研究和测定，科学地证明，小小筷子使用起来，居然可以牵动人体的三十多个关节和几十条肌肉。而这些关节和肌肉的神经，又和脑神经相通。至今我国和亚洲大多数人还在沿用筷子吃饭，这和有些地区用五爪金龙往口里进食的办法比，要卫生与科学得多。日本全国小学免费午餐，规定必须使用筷子，这对幼儿学习与身心发育皆有莫大的益处。

考古出土古代筷子原件

筷子制作用料繁多，多用木、竹制作。富者用金属象牙制作，据说皇帝用银筷，可检验毒物，确保御侍安全。当今河南省商丘市（古归德府）还保留一个奇特民俗，在口语上逢"子"叫"得"，如筷子叫"筷得"，桌子叫"桌得"，嫂子叫"嫂得"。此民俗是约定俗成的，没有行政干预。据史载黄帝曾孙名帝喾，他次子阏伯，4000年前食邑于商丘，为商人祖先，曾被赐"子"姓，后子姓又分化为247个，其中单姓177个，复姓70个。从此子姓在商丘薪火相传4000余年。豫人习性保国粹精华，远古祖辈赐为子姓，作为后辈，绝不犯上，讲孝道，说话要避讳"子"音。这种保存古中原文化老习俗，精神可嘉。豫人守旧，保持老传统，千年不变，据传豫南固始县，百姓还在说当年北宋徽宗皇帝的语音，更是叫常人难以思议的事情。

筷子

筷子在国宴上

简谈我国历史气候变迁

　　我国是四大文明古国之一，地处亚洲大陆东部、太平洋西岸，地域广袤，仅陆地面积就达 960 万平方公里，约占地球陆地面积的 1/15；数千年来，我中华民族在气候、水文、生物诸方面皆经历了巨大变迁。据中科院竺可桢、张家诚、李四光、周昆叔等前辈多年研究成果，他们根据孢粉分析和 C14 年代测定，一致认为我国距今五六千年的气候，较现在温暖湿润得多。当时北方黄河流域处于亚热带，长江流域及南方更是如此。但在不同历史时期，气候又在不断变化，其具体变迁过程更是曲折复杂的。

　　学术界大多认为，地球诞生以来，冷暖交替是以温暖气候为主。张家诚先生认为："温暖时期占整个气候史的十分之九。"

　　根据现有研究成果，我国五千年来的气候，大致可分四个温暖期，每期又紧跟出现四个寒冰期。分述如下：

　　（一）第一个温暖期：公元前 3000 年到前 1000 年左右，大约时跨 2000 年之久，即我国仰韶和殷墟时代，当时黄河中下游流域森林茂密，植被广布，兽多人少，大地处于亚热带景象。西安半坡，森林深邃的丘陵和丛草茂密的沼泽，并有竹林夹而生，他们在浐河捕到大量的游鱼。殷商故都安阳，在甲骨文中记载，有一次猎获犀牛几百头。安阳西北小屯村发现热带和亚热带的动物，除竹鼠、水獐外，还有貘和水牛的遗骨。中原大地降雨丰沛，多次发生洪水灾害。部落首领尧、舜、禹相继治水害的故事，流传至今。

第一个寒冷期：公元前 1000 年左右到前 850 年。寒冷持续近两个世纪，在我国最后一个奴隶制时代的西周时期。据《竹书记年》记载，长江、汉水两次结冰。周公辅佐周王诛纣以及消灭周边 50 方国时，把野象、犀、豹等这类喜温性的热带、亚热带动物从中原"驱赶"到南方等边远地区。人类从而进入第一个寒冷期。

（二）第二个温暖期：公元前 770 年到公元初。从春秋时代到西汉末年，持续数百年之久。齐鲁地区农业种植可一年两熟。终南山有亚热带植物梅花。西汉元封元年，黄河在瓠子决口，汉武帝令砍淇园（今河南淇县西北）的竹子编筐装石堵口。史记载当时北方产橘、漆、桑、麻、竹等亚热带植物，现在只能在南方生长。足见当时又处于温暖期。北方遍布野象群体。

第二个寒冷期接踵而至。公元初到 600 年。历经东汉、魏晋南北朝，近六个世纪。三国时魏文帝时，因淮河结冰，取消十万大军的演习。估计年平均温度比现在低 2℃—4℃。

（三）第三个温暖期：公元 600 年—1100 年。隋末唐初又开始变温暖了。长安冬季无冰雪。长安宫中产柑橘。武宗赐给大臣每人三个橘子，一直成为佳话。唐代的长安比今天的西安要温暖得多。持续四百年，长江以南才有野象行踪。

第三个寒冷期：公元 1100 年—1260 年。12 世纪初期转寒更加明显。北宋时太湖全部封冰，冰厚可行车，湖中山柑橘全冻死。苏杭运河结冰，行船备铁锤破冰开路。荔枝栽培南移。北方已无梅花。北宋后期，徽宗即位初年，气候出现新的寒冷期，使热带、亚热带果林受到严重危害。

（四）第四个温暖期：公元 1260 年—1300 年。南宋宁宗时期开始，至元代中期，气候又转暖。北方竹林遍野。长安、凤翔（陕西）、河内（河南博爱）等北方中原地区设有"司竹监"，专门管理竹园的特别官府衙门。此次暖期很短，大约近一个世纪左右。杭州曾有四年冬天无冰雪。野生竹林又恢复到唐时之规模。元代初年长安又恢复"司竹监"衙门专管竹林。

第四个寒冷期，公元 1400 年—1900 年间，持续近五百年。学者徐近之统计此期，太湖结冰 16 次，鄱阳湖 6 次，洞庭湖 9 次，汉水竟结冰 19 次，淮河 14 次，近海热带地区降雪落霜 47 次。天津一带运河的冰封期，一年长达 107 天左右。从物候变化估算，17 世纪中叶，北京平均气温要比现在低 2℃左右。此期中几乎连长江都冰封了。元末清末皆是寒冷期。

我国近代到了仪器观测时期：19 世纪末到 20 世纪 40 年代，气温增暖期，1960 年天山冰川舌后退了 500 米—1000 米，珠峰冰舌由 5067 米上升到 5800 年。40 年代末气温又回落，1955 年 1 月汉水结冰 20 天，淮河结冰 46 天。1969 年，汉口气温最低达 -17.3℃。1990 年，又进入"温室效应"，全球气温普遍升高。

总之，地球气温冷暖交替，其中太阳辐射以放出的能量和大气中热量、水分、动量等输送交换方式构成地球气温变化两大要素。另外下垫面、太阳黑子及人类社会活动等三要素为次要原因。又因我国特殊纬度、复杂地形，也决定了我国气温变迁又不完全同于别国，且具有明显的时空差异性。

当今新时代研讨气温的历史变迁，深入了解个因形成与消退，对国民经济振奋和人民生活质量提高是大有裨益的。

"史家之绝唱"《史记》简介

在我国古代浩如烟海的史籍中，司马迁首创纪传体通史《史记》，当推纪传体之鼻祖。鲁迅先生在《汉文学史纲要》中高度热情赞它是"史家之绝唱，无韵之《离骚》"。

一、作者太史令司马迁。司马迁字子长，汉左冯翊夏阳（今陕西韩城）人。生于汉景帝中元五年（前145年），卒年不详。其先辈自唐虞至商周，世代皆为史家，其祖司马昌是秦始皇铁官；其父司马谈乃汉武帝之太史令，曾撰

司马迁

史 记

《论六家要旨》学术专著他打算编写一部从春秋时期至今的史事的史书，此愿望没实现，未竟之业，临终遗言嘱咐儿子司马迁继承。司马迁十岁诵读古文，二十岁出游，走遍名山大川，考察古迹，收集传说，采访遗文佚事。汉武帝太初元年（前104年），司马迁开始撰《太史公书》（即《史记》）。不久因李陵事件无辜

诛连，遭腐刑。后"隐忍苟活"续撰《史记》，历时十三载完成一百三十余篇巨作。

二、《史记》全书分十二本纪，十表，八书，三十世家，七十列传，共五十二万六千五百字。

本纪是以朝代和帝王为主，按年月记其大事，为全书总纲，是用编年体的方法记事的。

年表是把大事和人物按年代用表格方式表示出来，以简驭繁，一目了然。

书是专记典章制度的兴废沿革，《汉书》中改称为《志》，沿袭至今。

世家专记诸侯世系活动。孔子、陈涉、项羽都列入世家，是从实际出发，独到见解精神，极为可敬可佩。

列传是帝王外各种历史人物齐上阵，一人一传。类传是以类相从，把同类人物归到传内。周边各少数民族载入正史，是首创。可见他的崇高民族史观，更令人佩感。

太史令司马迁祠

司马迁像

三、《史记》体例有创始首功，历代史家沿用写史书，并称为正史，后世《廿四史》也如此。记事翔实、丰富，文笔生动通俗、脍炙人口，历来为人们称道。《史记》流传甚广，有刻印本、排印本、影印本、石印本，不下几十种。其中以清武英殿本为最。1959年中华书局点校本《史记》是二十四史中注释最为详尽者。《史记》成就反映在四个方面：其一，史料价值高，引用诸子书目达81种之多。其二，创纪传体，首创通史记实。其三，语言洗练，汪洋恣肆，叙事、记人，出神入化。鲁迅赞为"无韵之《离骚》"。其四，有进步历史观，重经济和历史人物，赞农民起义领袖，揭统治者伪善面目。《史记》传世千古，名噪史坛，天下绝唱。可说是前无古人，后无来者。

"斧正""郢正""教正""削正"的来源

郢人斧正

"斧正"典故出自《庄子·徐无鬼》。该文讲的是战国时期，博学的庄子结交了一个朋友惠子，两人在学问上互相切磋，取长补短，交谊很深。后来，惠子早亡，庄子甚为痛惜。一次，庄子路过惠子墓前，他对来人讲了一个故事：楚国郢都有个人，在刷墙时鼻尖上溅了一点儿白粉，这点儿白粉薄得像苍蝇翅膀一样。他找了个工匠帮他去掉，这工匠让他站稳后，抡起斧子照他的鼻尖就是一下，那个人镇静端立，只觉得一股疾风拂面而过，鼻尖的白粉全都不见了，而鼻子却一点儿未受伤。后来有个国君宋元君，听说后，把这工匠召去，对他说："听说你运斧成风，请给我表演一下吧。"工匠说："我确实有过这种技能，可是，和我配合的那个人已死去好久了。"

故事讲到这里，庄子叹息说："自从惠子死后，我失去了学业上的挚友，再也没有和我谈得投机的人了。"

根据这个有趣故事，后人请人修改文章时，便常用"斧正"二字，以示谦恭，更有甚者，将此义引申多义，如：写作"斧正""郢正""教正""削正"，全都是此意。

庄子与惠子

"可乐" "汽水" "咖啡" 溯源

　　人类在社会历史演变中创造了物质财富，它表明人类社会的开化状态。古人在创造了足够物质财富、无果腹之忧时，为了享受生活，在酒足饭饱之余，开始追求更丰富的味蕾享受，各种饮料应运而生。我国种植、制造茶文化历史悠久，誉满全球。西方人的饮料史则只有近两百年。我国的茶文化较西方早几个世纪。

　　目前盛行的"可乐""汽水""咖啡"都是舶来品。

　　"可乐"，发明在百余年前的美国乔治亚州亚特兰大市，此人叫约翰·庞伯顿。他是一名默默无闻的药剂师，最初研制的只是一种治疗心情紧张或意志消沉的普通药剂，而不是饮料。这新药并未引起公众重视。不久，一名叫钱德勒的企业家以 2300 美元的价格从庞伯顿手中买下这份专利。在世人一片嘲笑声中，商人雄心勃勃地为可口可乐大做广告，还专门设计了一种别具一格的瓶子，结果生意蒸蒸日上，大发其财。1905 年法院下禁令除去其中少量的兴奋剂，故美国南方人叫它"无毒的圣水"。此专利"配方"长期锁在德州某银行绝密的保险箱里，十分安全。二战中，美兵将可口可乐带往全球，同时在法国和北非开办不少可乐工厂。20 世纪 70 年代初已打入苏联市场，迫使苏方用伏特加白酒来作"交换"。从 1978 年中国开放，"可乐"便受这个人口大国的喜爱，一时风靡大陆城乡。

汽水的历史要追溯到三个世纪前。欧洲地质学家在勘探时，发现有些矿泉水冒泡，像水煮开似的，但这水一点儿也不烫，喝起来反倒格外凉快。这冒出的泡泡便是二氧化碳。由于科技进步，人们利用低温和高压的方法，使二氧化碳溶解在水里，制造人造的汽水，开始是用它治病，直到19世纪中叶，开始把汽水当作饮料。清同治年间汽水输入我国。但汽水是稀罕又昂贵的珍品，只有达官显贵才买得起。1900年，英商在天津开设了第一家"万国汽水公司"。后来上海、汉口又出现许多汽水公司。普通百姓也因汽水中二氧化碳能加速胃液的分泌，帮助消化而趋之若鹜，一时间汽水竟成为待客珍品和坊间身份的象征。

"咖啡"的由来更是一段历史轶闻趣事。可以说"咖啡"是骆驼发现的。13世纪，东非埃塞俄比亚王子拉斯特，有一天看到骆驼吃一种树上浆果，吃后精神兴奋，劲头十足。于是他也摘了这种浆果往嘴里塞，浆果味道苦涩难咽，他立即把它扔进炉子里。不料炉子里散出香喷喷的气味，非常吸引人。从此，咖啡成了人们日常喜欢的提神饮料，风靡世界。

我国古代酒源和酒器轶事

泱泱中华，酒文化源远流长，丰富多彩，举世瞩目，驰誉四海。

一、酒源有两说

其一：四千年前的夏朝，大禹时代，有个政府小吏名曰仪狄，他用桑叶包饭的发酵方法制作了佳酿献给大禹，本想邀功请赏，改变位低俸少的地位，谁知大禹虽只是"水利工程师"，但也是位明君，和一般帝王君主不同。他喝了仪狄的酒感到味道甘美，并清醒地说："后代必有为了饮酒而亡国之君。"于是下旨，今后拒绝献酒。仪狄的谄媚并没有得到封赏，他的发明也只限于宫内暗中流传。此事在后来朱翼的《酒经》上都有详载。

禹斥仪狄

其二：三千年前的周朝，有个叫杜康的放羊人，他把小米粥装进竹筒里当午饭。有次把竹筒放在一棵大树下，忘在那里就走了。过了半个月，找

杜康造酒图

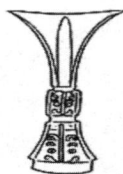  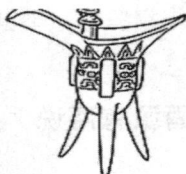   

觚　　　觶　　　爵　　　角　　　斝

尊　　　罍　　　瓿

 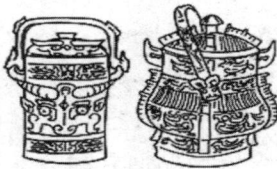 

壶　　　卣　　　盉

鸟兽尊　　　　　　兕觥　　　方彝

古代酒器

到遗失物，打开一看，发现竹筒里小米粥早已发酵成酒了。村里人喝了，皆夸奖这好喝玉液。此无意发明，使他成为地方名人。他从此不再牧羊，改行酿酒，并办起杜康酒店来了。以后更有人把酒直呼曰：杜康。

二、觥筹交错话酒器

觥：古代一种饮酒器。筹：行酒令的筹码。"觥筹交错"形容宴饮欢乐场面。我中华礼仪之邦，古人饮酒不仅讲质量，而且十分讲究酒器，甚至到了"非器无以饮酒"的地步。几千年来，由于时代不同，用料、形制、容量、装饰和用途的差异，便形成众多酒器名称。

古代酒器名目繁多，差异之大，今人知之甚少。若按用途则可分为三大类：

（一）贮酒器：樽、瓮、坛、缸、罍、钟、彝。

（二）盛酒器：樽、彝、钟、卣、盉、盆、榼、瓵、瓶、壶、铛、酒螺、酒仓。

（三）饮酒器：樽、钟、爵、斝、卮、罍、盂、瓯、杯、盏、升、斗、角、斛、勺、瓢、觥、觯、觞、碗。

上述三大类中，有的酒器是一器多用。如：樽、钟，是贮酒器、盛酒器，也是饮酒器，其中因用途不同，大小也不同。

饮酒器

古人习惯，常用一两种酒器来通代。唐以前用樽、钟、爵代称饮酒器；唐宋后用杯、盏称饮酒器；有文人追求古雅，将杯盏说成樽、钟、爵等名称。

如李白《将进酒》诗："金樽清酒斗十千"，"莫使金樽空对月"，这个"樽"还是"杯"。欧阳修："文章太守，挥毫万字，一饮千钟"，此"钟"也就是酒杯而已。但祭祀器具另当别论，大樽称彝；中樽称卣；小樽称罍。

　　酒器为何有众多种类和名称呢？

　　商周是奴隶制社会，靠繁缛礼仪制度维持贵族地位和尊严。天子饮酒器称斝，诸侯饮酒器叫角；祭奠山川用罍；祭祖先用散樽，随葬死人用概樽；卮为尊贵人酒器，青少年和妇女不许用。远古时将瓠瓜分成两瓢，男女结婚各执一半饮酒，称为"合卺"。到了宋代已简化为一条彩带连着两个小酒杯，新婚夫妇各饮一盏，名曰"交杯酒"。再以后称酒器为瓮、坛、壶、瓶、铛等更流行于世。

　　秦汉以前酒器多为金属制品，唐以后出现了西域而来的琉璃、琉璃盏。古代酒器，各时代皆有稀世之宝。唐朝王翰《凉州词》中有"葡萄美酒夜光杯"诗句。此夜光杯，传说为周穆王时西域人贡献。此杯可容三升，夜里放光。其实，没有夜光杯，可能是较好的玉杯，清酒玉晶，在月光下，反光性好，名曰夜光杯。

　　古人饮酒常属社交活动，酒器自然与许多重大事件联系在一起，《战国策》载，赵王之姐是代王的妻子，赵王想夺取代王的财富和地盘，邀请代王宴饮。事前赵王找工匠打造了一只金斗，将尾（柄）做得特别长。赵王在宴席上，待酒酣时反斗击代王，代王立即脑浆涂地。赵王姐闻代王死，就自杀了。酒器居然成了武器。古史上，那种以掷酒杯为号，拥出伏兵解决争端，地盘兼并，山寨交椅争夺的故事更多：秦末刘、项之争的"鸿门宴"，宋初赵匡胤"杯酒释兵权"宴请……酒杯后面深藏玄机和尔虞我诈的故事层出不穷，耐人寻味不已。古人也常以酒器喻人事，汉朝已有"酒瓮饭囊"的俗语，嘲讽无知识、无技能的庸碌之辈。古人常说"三杯两盏常自省"，莫要智昏败德，也莫作"酒瓮饭囊"那种人。

康熙大帝在位 61 年作息表

康熙大帝

清圣祖爱新觉罗玄烨，年号康熙，7 岁登基，在位 61 年。日常生活按清 268 年老规矩按部就班行事，不得稍有差池，每日时间作息表如下：

5：00—7：00 起床梳洗，请安，早读。

7：00—9：30 早膳

9：30—11：00 上朝理政，处理公务

11：00—14：30 午休，晚膳

14：30—17：00 继续办公和娱乐

17：00—21：00 晚点或酒膳，祭拜神灵，随后就寝

[早读内容] 前朝历代皇帝《圣训》和《实录》。

[上朝理政] 每周两三次，批奏折到深夜。

[独自用膳] 每日两餐，两正餐后各加一顿小吃。

[娱乐项目] 琴棋书画，花鸟鱼虫，欣赏古玩，看戏。

[祭拜神灵] 晚七点到九点，敬拜各类神灵。

早拜释迦牟尼、关帝，晚祭蒙古神、满族创始女神。

[晚上就寝] 选妃侍寝，妃不在宫内过夜。

闲

人

春

秋

文史钩沉录

双重校友严昌洪君

鄂城墩上始识荆

2010 年 12 月 18 日鄂城墩上偌大的市图，庭梧落叶，篱菊飘金，满目暮秋萧瑟。二楼会议厅，灯明几净，贵宾云集。市志办由董玉梅女士主编的"百姓系列丛书"第四卷《百姓摄影》首发式假此宝地举行。与会者除摄家、撰文方家，各媒体业内人士悉数到会。特邀文史四大天王皮明庥、徐明庭、严昌洪、冯天瑜等硕儒莅会。吾因是文字撰稿人，故忝列其中。散会后，我拿着新书依次请四老在扉页签名，留下珍贵墨宝，作为永久纪念。时至今日，我倾注四老签名，犹如昨夕。美中不足，据前年报载，皮老已驾鹤西去，那洒脱的行草三字签名，令人眷恋。斯人已去，大著永存人间。其后严博导得知我是华师 50 年前毕业生，话题更多了。我自报家门，1958 年考上华师历史系，中遭"奉旨"转中文系，成为具有双重"国籍"

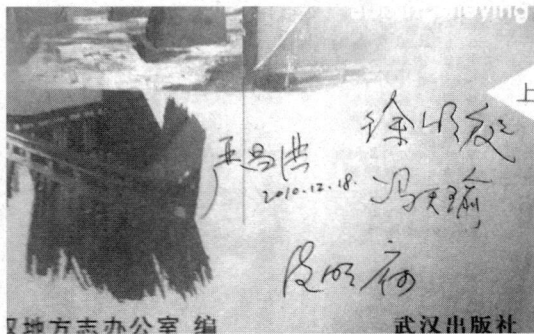

四大天王之一严博导签名

的人。毕业后分配到孝感专区陂邑执两年教鞭，后返汉在阳城杏坛坐帐 33 载，任教五所中学，市 32 中任职 18 年，工作最长。我长他半个放牛娃的年纪，因为是两重校友的情结，彼此竟无代沟之感。严君阅历深，成果丰而广，其著作等身，教书育人，乃江城资深博导。他在市 32 中读了六年书，是 1961 届高中毕业生。该校当年全国高考升学率居全省第五名的优秀成绩，汉阳区无校可比肩。老校长游德优是湖南大学法律系毕业的地下党员，他在当年搞运动的年代，德、智、体都抓得不错，办学有特色。冯善培同学自制矿石收音机和各类舰船模型，可在湖中自由翱翔。他这种高超的动手能力，难能可贵。改革开放后，20 世纪 80 年代他自办电焊机厂，产、供、销一肩挑，他都能干得有声有色。严昌洪是汉阳西大街孟家巷、夹河陡码头走出的民俗专家学者。1961 年他高考折桂，高中街道口的中南民院中文系，荣幸被动地当了四载"少数民族"，毕业后，在桂林执教 15 年后又用百倍信心、千倍毅力，于 1981 年成为华师大历史系辛亥革命顶级专家、资深教授张开沅的得意门生。从此，严导学术因得恩师真传衣钵，学术上了一个崭新台阶，先后有数十本专著问世，发表精品史论 230 余篇，荣膺江城文史四大天王的美誉。1983 年升为教授，1996 年再迁博士生著名导师。驰骋史海，饮誉江城。

紫阳湖畔续学缘

武昌古城是辛亥首义首善之区，20 世纪 90 年代由辛亥后裔和部分历史研究学者共同组织"武汉辛亥首义研究会"，吾先公李威将军，由黄陂来省城就读"文普通中学堂"，和董必武、宋教仁同窗。后就读"陆军三中学堂"，是辛亥学生

作者与严昌洪（右）

军军事教官，吾作为"辛二代"参加"辛研会"各种学术研讨活动，同时在各刊物上发表辛亥革命论文数十篇。严昌洪博导荣聘为"辛研会"总顾问，彼此接触增多。前年四月上旬共赴广州参加纪念黄陂辛亥先烈兰天蔚学术研讨会，会后瞻仰黄花岗72烈士和孙中山先生大元帅府，严君在会上宣读了发言论文。返汉后，我亦发表《触摸黄花岗》一文。交往中，我送严君一本拙著《武汉琐忆》（中国文联出版社），扉页上署明"书赠双重校友严昌洪君"。当时对他揶揄说："你曾是32中的学生，我是32中的教师，我曾是华师历史系的学生，你却是历史系的博导。我俩可说是正宗的'双重校友'。"严导笑而颔首之。最后以小诗结束此文：

戊戌赠严君

君居桂山头，吾住龟山麓。

彼此双校友，太公门下徒。

沧桑风雨伴，杏坛忆华章。

含饴弄孙久，时代谱新歌。

一本精美绝伦解渴乡愁的直观读本

——评麻建雄影集《大城根脉》

一、关于作者其人

麻建雄君是闻名汉阳多才多艺的儒商。江城商海独占鳌头的中商、武商、汉商雄踞三镇，各霸一方。麻君是汉商领衔人物，也是时代的弄潮儿，他求学、经商、参政，样样干得风生水起，卓有成效。

他阅历深，颜值颇高，白皙修长的脸庞，乌发下的剑眉俊眼、凝眸深邃、酒窝荡漾，一米八的高挑身材，超标的"城北徐公"，其风雅不逊于当今一线男星。惹得无数同龄人的羡慕和嫉妒，俘获众多美眉心田的梦中情人痴恋。在人生际遇之时，他总能把握机运，更是时代幸运儿。他是正宗的"老三届"后的"六九届"高中生，别人下

麻建雄
（今之"城北徐公"）

乡插队，他却因擅长美工，进了国营"汉商"。别人下岗，他却攀跻集团领导层，担任汉商集团主要领导33年，市人大代表、政协委员20余年，高级

经济师、市优秀专家。现任武汉市摄影家协会主席。这些炫目成就，和他个人奋斗与勤奋分不开。

汉阳古城，文脉传承千年，满城斯文。麻君就读省重点"市三中"，曾经的"晴川书院"，沧桑砺洗，芝兰蕙树，百年辉煌。麻建雄君师从多才艺的名师——我的县华林华中师院中文系同窗许瑶卿先生，传承恩师的衣钵。之后，麻君在职读华师大中文系，两次奉旨公费赴美日研修，打下了厚积薄发的文化基础，返国后，出了两本心得书。

麻君是老三届，余则是教老三届，可说是两代人，同居阳城，却不在同一校，无缘晤面，彼此心相通。直到前岁我才应约登上汉商本部七楼他那灵醒带有儒雅书卷气的平山房办公室。麻君才气横溢，文学、书画、篆刻、鉴赏、设计皆为方家。美术、书法、摄影佳作，散见书店及国内主流报刊、媒体网站。身为成功的高端精英人士，麻君毫无半点架子。麻君的随和、平易、低调是为人高尚品质。也许同为华师校友，话匣打开，竟无代沟的陌生感，如同忘年之交。临别时，我赠他拙著《武汉琐忆》一册，他回赠自撰的《美国日本商业掠影》等两本书。握别之际，我嘱他，趁年富力强时，多出埠头专著，百年后，可使枕头垫高些。没想到，经年后，他的摄影专著便放在我的望江斋陋室案头。立马捧读，写下心得，不吐不快，表白我对气宇轩昂的建雄君的思念，我心亦释然。

二、触摸武汉，用镜头解渴乡愁

有史以来，盘古开天地，生物界与生俱来形成生物钟。人居窝，鸟居巢。若违此规，人则无永恒思恋，鸟则散伙。这是历史上一条天理法则，谁也无法改变。人非草木，眷恋往昔，回眸过去，自然产生无限的思念。这亦是与生俱来的乡愁。自从 20 世纪 80 年代以来，江城为摘掉"大县城"的旧颜与格局，雷厉风行数轮大拆迁，偌大的三镇，无一"幸免"。成片旧城区老街道被拆光，有些历史建筑也在劫难逃，轰然倒下，击碎了多少市民的乡愁美梦。这也许是大武汉涅槃前阵痛罢了。也许一个新生的靓丽的大武汉即将问世。麻君在主管汉商和繁重社会活动的工作压力下，抽出业余时间，别人品茗、筑长城的空档，他用双脚扫街，丈量三镇通衢大街小巷或里份的旮旯角。2011年8月至2017年5月短短不到七年的工夫，用良知和艺术摄影家的历史眼光与深厚的专业功底，为江城人民留下弥足珍贵的影像192张。（汉口113张、汉阳29张、武昌50张）。

作为老武汉的麻君，生于显正街，受汉阳树的庇荫，吮晴川书院乳汁，听慈母呼乳名成长的专家成功人士。六十花甲，生于斯，

《大城根脉》

长于斯，目睹即将逝去的历史遗迹，对昨日城市留连、情有独钟的地步，如痴如醉。其文化品位如此之高，尤令人尊敬、赞佩。

掩卷深思，六百余张画面兀现眼帘，市井百态，人文情怀，汉味遗韵，历历在目。可以说，此书胜过一部长篇报告文学，真实、生动、立体地简介了三镇庶民的逼真生存状态。那残垣尘土，江城特有的过早、宵夜、买菜、纳凉及靠杯酒、扁担等等，不都是你我的乡愁吗？

影相集有些镜头画面是令人震撼的。第97页上，友谊街尚德里2号，系刘少奇主席大革命时在汉口从事革命活动时的旧居，普通民宅，跟一般老里份房子别无二致。此街的三德里，凝重的大门、雕花的梁柱坠入时光深处，谁曾想到这里曾住有三位现代名人。大革命时期，中共妇女运动领袖向警予曾住27号，后在此被捕。联合国副秘书长冀朝铸、原台湾"行政院长"李焕等青少年时期也曾在此居住过。如今斯人远去，思念永存。麻君用光影瞬息阅人生，给我们带来视觉盛宴。

友益街三德里走出刘少奇、向警予、冀朝铸、李焕等时代名人

　　101 页，显示 1946 年车站路华洋杂处的汉口特色。百年车站老街与新崛起现代高楼，形成视觉极强的反差，给人心灵震荡，好像和谐号时代列车风驰电掣开过眼帘的时光隧道。这些专业而又有文化品位的场景也沁人心脾。还有那 9 页鄱阳街江汉村武汉人"过早"的镜头场面，满街路边小摊生意兴隆。特色小吃，品种蛮多。路边档点上的广东早茶系列："竹笋马蹄饺""虾饺""烧梅""叉烧包"。原汤抄手系列："鲜肉抄手""香菇抄手""鲜虾抄手"等七品种，任客挑选。朵颐上班族挤挤挨挨，场面热气腾腾，活像一锅子煨开的粉藕排骨汤。每到黄昏后，劳作一天的平头百姓，更习惯于宵夜生活。

鄱阳街江汉村过早，每天不一样

　　61 页，汉口宝善堂。历来穷苦小民聚集于慈善的宝善堂周围，此地设摊夜市小店甚多。图中老字号名店名曰矮子牛杂小店，生意火红，店内席开六桌，十二位顾客正狼吞嗨吃，吃相很难看，三位更是赤膊上阵。店外露天灶台旁也围满八站客。更有两位已在打包返家途中。这里宵夜品种何其多，其招牌醒目，打眼的营业项目特色为凉面。其他如：腊肉炒豆丝、腰子汤粉面、牛骨头萝卜汤、牛筋、牛杂、肉丝粉面、炒粉面、热干面、花饭藕汤等九种珍馐美味，叫你目不暇接，垂涎三尺。这真是地道的正宗汉口味道。这些古老的民居，好吃佬解馋的美味佳肴又可供你解渴多少乡愁？

武汉"过早"，每天不一样的真实写照。

三、用心接地气，用良知无声呐喊

作者用纪实摄影创作的理念和方法，关注民生，用心接地气，贴近黎民百姓生活的方方面面，真实地再现他们喜怒哀乐，充分表现三镇的平和、包容与沧桑。

武汉是著名的长江火炉城，是中部高温大陆性气候的常驻之地。坊间人士挪揄说："武汉高温是持续长，不分昼夜，是白加黑。"此话很中肯。56页，图为扁担巷的狭窄窘地，它位于武胜路东，北通汉正街。苦力们幽默说，只有一扁担宽的名巷。

56页下图是汉正街收工的扁担们休闲场面，十一条赤膊大仙，四汉子

天下第一街的汉正街收工的扁担收工之乐！

（君子坦荡荡，小人悲戚戚。）

街边围小矮方桌打扑克，进行"斗地主"游戏。七汉子聚精会神饶有兴致观战。地上抛有八个烟屁股头。墙旮旯一边还靠着六辆板车，这是他们赖以生存的宝贵生产工具。头顶棚上还挂有一件水手衫、二件印有图案画面的时尚衬衣。

71 页，则是花楼老街商贾云集、摩肩接踵的盛况。生意正酣的十八家坐商开门迎客，六家摆摊行商小贩，正和南来北往二十八位打货回头客户斗嘴角讨价还价，每人手中提有钟情货物，提袋率很高，尽享扫街的乐趣。人们多式样的夏装，休闲放松的心态，好一副安乐、祥和的大社会缩影。其中，一个年逾花甲的老人嘎的特写，尤吸人眼球。他光头和宽阔的胸膛，凸出一身腱子肉好体魄。结实有力的双臂，右手拎着两袋点心，是否孝敬

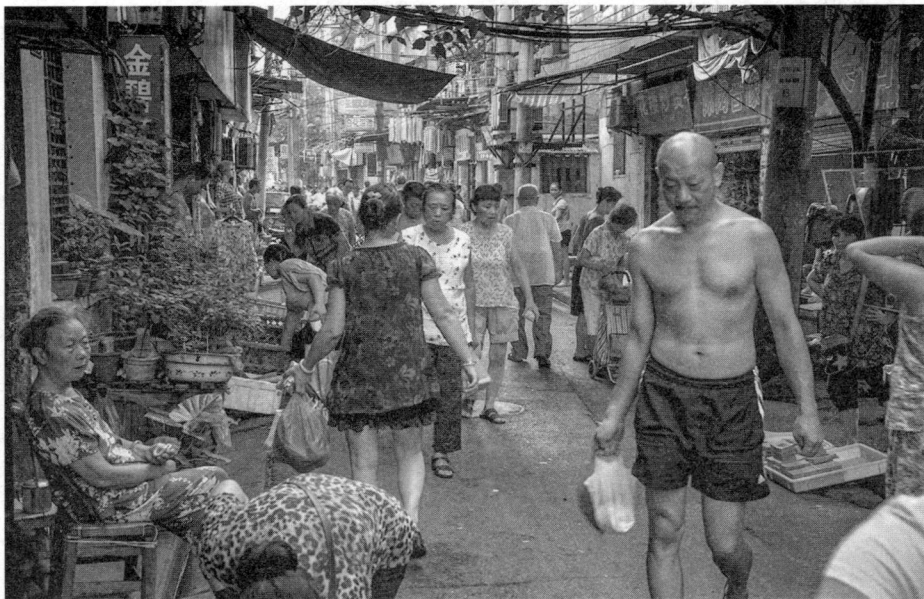

大汉品花楼街的温度

年迈的双亲，或奖赏孙辈们的听话？不得而知。

由此，我又想到汉正街走红多年的励志礼帽哥，他头戴标志性的里呢礼帽，留有浓厚的小胡子，常年赤膊，露出八大块肌肉，下着牛仔裤，讲侠义豪气，抚弃婴，赞助农民工子女学费，颇似当代武训。他响誉全国，

他是汉正街的明星级的人物头，成为大江南北电视台追逐的新闻名人。不知此哥近况如何，天凉了，还是要着衣，岁月不饶人，毕竟已进入银发族的年轮了，全汉口人都还沉思惦念着伊人呢！

大拆迁考验着百姓心理承受能力，这和往日多次战乱有本质不同。三镇对此是宽容、平实、期盼的。作者用自己爱家园的高尚情怀，用睿智的眼光，纪实性拍摄寻常巷陌、邻闾人家；用平视中景画面，玩转摄客光圈、速度、距离三要素，给千年古城留下了沧桑远去的背影，延续了江城大汉口人文精神，其功至伟，令人佩服。

知音故里西大街的乡愁

197 页，老徐家棚车站现今画面冲击眼球。1936 年通车的粤汉铁路，北上要在此中转去汉口大智门站，当年无长江大桥，全靠轮船摆渡。此站人口稠密，上面还建有人行天桥，车水马龙，人声鼎沸，热闹非凡。今日冷清的车站，两条铁轨和木质铁枕依然躺在原地，只是轨上锈渍斑驳，木枕溃烂体无完肤。偌大的老车站，只有七男二女，两个中年人坐轨对弈，小方凳上的楚河汉界棋盘籽历历在目，棋战正酣，进入将军尾声，观战二君，一站一坐，旁若无人，四目注视战局变化。枕木间留下瘾君子七个烟头。铁轨旁小吃店，六层蒸笼在目，满桌盆罐，品种繁多，食客寥寥无几，仅有二人在场。冬日和煦的阳光，亲吻着古老车站的额头，昨日不再。多少街弄拆迁早已逝去。感谢作者用心接地气，显示大城体温，给我们留下峥嵘记忆和大量根脉所在。

昔日的粤汉铁路徐家棚站，老铁们享受最后的时光。

四、白璧微瑕

反复捧阅全书，就在编纂和选材上还是有许多可商之处。写书出书，本来就是遗憾之事，仁者见仁，疏忽纰缪在所难免。余除写完以上心得处，还斗胆提两点建议，说几句行外话供麻君参考之。

其一是全书 201 页，图文并茂，照片主题鲜明，作者构思新颖，匠心独运，用单反广角镜，中景平视角角度拍摄活脱脱市井百姓形象，享受国富民安祥和的生活节奏，实现大城的正能量喷发。也许是编者无意疏漏，有几页没编页码，造成文不对图，令人盘桓，不方便使用，这也是缺憾之小事方面。

其二是全书一片黑，黑到底，观后稍有心头抑郁感。根脉有大小之分，为何不用彩色摄影手段，表现多彩光鲜主动根脉，黑彩对比那效果岂不更吸人眼球。

大别巍，高冠迤，汉江涛涛兮，人文武汉铸芳华，三镇庶民市井百业旺。

大城根脉兮，汉正、显正、花楼、昙华林。历史年轮驻余温。

抚今追昔兮，改革潮头，卓尔不凡，承先启后，敢为人先。期盼大城涅槃犹新生。

三镇人海烟云，历史长卷开新篇。

那人、那山、那水、那桥、那楼依旧，记住昨日拥抱明天。

征途大业辉煌，苍天为证，呼唤江城。

吾辈追潮中征途漫漫，我心释然！

朗星巷 25 号走出的学者许瑶卿

大别巍巍，扬子流长。千年汉阳古城，文物荟萃，人杰地灵。这里，显正街、西大街石板通衢，古有诗仙李白、梁昭明太子萧统、东汉名士祢衡、抗金名将岳飞造访过；近有一品命官张之洞、民国总统孙中山、大都督黎元洪、共和大元帅黄兴、抗日英烈诺尔曼·白求恩等在此工作过（即现在武汉市第五医院）；现有归元寺主持曹昌明法师、延安经济总管林仲丹（林彪堂兄）、天主堂高锐庆神父、汉商集团董事长麻建雄老总、华师大博导严昌洪教授驻足。汉阳府城草根陌巷遍地斯文。

古城不愧为三镇之首，其城市历史建制最早，人文底蕴甚为悠久，其文化沉淀最为深厚。

古城闹市显正街，它的东段有两条历史十分久远的古巷子，是为了纪念李白曾来汉阳游览而留下的圣迹佳话，旧时称郎官湖（巷）和魁星巷，太白祠、太白楼皆是纪念唐代诗仙李白的市政设施。后几经易名，1955 年将郎官湖（巷）

千年里闾朗星巷民居最后一瞥

110

和魁星巷合并成朗星巷。该巷百姓读书传家，风气浓厚，曾走出许瑶卿、何兴楚等一批学者、硕儒。

百年朗星巷民居最后容颜

许瑶卿君出自一个清苦高知家庭，年轻时代窝居朗星巷与人共住一个屋檐下，过着闲适清淡的日子。致仕廿余年，儿孙绕膝，含饴弄孙，享着神仙般的美好日子。

许瑶卿其人身材伟岸，儒雅风范，白皙国字脸庞，两颊略高颧骨，满头微鬈乌发，一身正气，一个风度翩翩治学严谨的学者形象。

许君十年寒窗，跋涉负笈，念过人生完整学历。1962 年从华中师院中文系毕业，是吾昙华林求学同砚挚友。他先从事中学教育，后高升市体委、电视台、说唱团等部门主要领导工作，后又跳到高校当教授。无论干何业，他皆尽职守，样样玩转得风生水起，教人感佩至极！

瑶卿兄多才艺，是阳城杰出俊彦。20 世纪 60 年代执鞭市三中，他是样板戏《收租院》的编导，又是校宣传队领导，深受师生好评，在阳城名气响当当！他曾任市委宣传部、市电视台、市杂技团主要领导，兼任省新闻摄影学会常务理事。他曾任地质大学教授，著作颇丰，被江城诸高校聘为客座教授。他锐进改革，在高等学子中拥趸甚众。我辈学人中，口碑亦是极佳。

许君学术成就超凡。2013 年 12 月 5 日，他在汉口卓尔书店艺术厅举办了大型摄影公展，展板上刊登他 200 余幅作品，题材广泛，对樱菊独钟。20 多年来，从武大、东湖的樱园到日本的上野、新宿、岚山、嵯峨野、静冈等地，这些顶级世界樱花胜地，都留下他和儿子许溪澜的足迹。父子俩用顶级"哈苏"相机，疯狂地记录各地自然风光、社会生活和风俗人情的方方面面，其中樱花相片竟达 12000 余张。作者以艺术家的睿智捕捉了樱花纤柔妩媚、花团锦簇、灿若虹霓的风情万种的千姿百态，给人视觉的享受。观众如痴如醉地品片、读片。这场摄影展深深地触动了江城摄友和业内大咖。

吾曾留下拙言：

默读许君影展：

《樱之魅》

光影瞬息阅人生，臻善、大美贻世间。壮哉，伟哉！

2013年12月5日，望江斋主人。

瑶卿君2012年发行《樱之魅》摄影专集。选题策划邓德萱。中国文化出版社出版。

许兄也是多面手，具有工匠精神。他摄像、洗像、装像、售像，一条龙，全出自他一双万能之手。有次造访他府上，只见宽敞的30平方米客厅，望之俨然，完全是艺术工作间，到处堆码着高档精美相框角

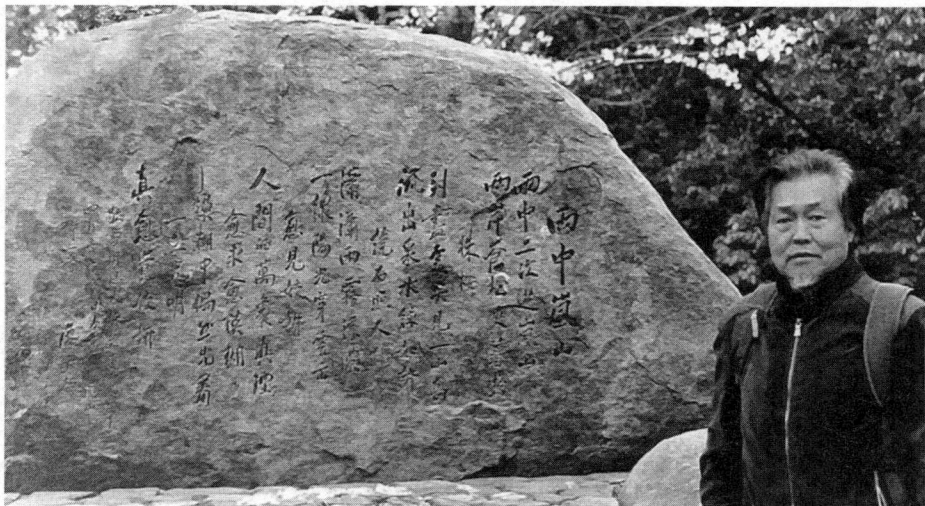

2010年4月2日，许瑶卿在日本京都岚山瞻仰周恩来诗碑时留影

料、手锯、直尺、墨斗等众多工具。其成品早挂满四壁，连进门玄关也展示充盈。我身临其境，颇具感触。高等艺术品加全新手工制造，二者完美结合。我揶揄地对他说："你完全是个手工业者。抗日期间，在昆明，闻一多教授家大口阔，经济拮据，靠业余篆刻艺术图章登报实价待沽贴补家用。名教授放下架子解决民生，在陪都和昆明成为头条新闻。你现在则是为艺术做贡献。"老许身着西式背心，腰系白色围裙眯着眼随和地说："没办法，各界高端人氏，圈内外索画者络绎不绝，供不应求，只好加班加点，别人用来搓麻将和旅游的时间都用来工作，忙过这一阵就好了……"

多么敬业，多么重情义的人品，这就是学者许瑶卿的真实形象！

（写于 2014 年 3 月 23 日市五医院消化科 33 床）

汉阳三槐岭今昔谈

鲁山巍巍，蜀江流长。江汉二水萦绕其外，龟蛇二山对峙，横亘其中。阳城人文荟萃，形胜甲三镇。

悠悠汉阳古城，物华天宝。凤凰山西端南麓凤山门不远处，清代有一坡地，依山傍水，参差错落，建有数十间雕梁画栋黛瓦民居，形成片状松散的汉阳原居民繁衍聚集之地。据传，此地为王氏产业。他们后裔在此岭建有王姓祠堂，名曰"三槐堂"，并将此岭称三槐岭。王姓为大姓，百家姓中居第九位。此"三槐岭"又从何来？

"三槐"典出《周礼·秋官·朝士》："面三槐，三公位焉"。大意是：群臣朝见天子时，面对三棵槐树而立的是三位大臣的位置。"三公"在西汉为丞相（大司徒）、太尉（大司马）、御史大夫（大司空），又称三司；东汉时以太尉、司徒、司空为"三公"。唐宋时沿此，明清时虽以太师、太傅、太保为"三公"，但只作大臣的最高荣衔。

又据《宋史·王旦传》说，王旦之父王祐在自家的庭院植槐树三株，用以激励子孙，声称其后人必有成为"三公"中那样的大臣。北宋景德三年（1006 年），王旦果然做了宰相——即古云"三公"中的大司徒，此后世人以"三槐"为王姓之代称。汉阳王氏在居处建"三槐堂"，称此地为三槐岭，除以此为荣，更有激励后人之意。清末民初，三槐堂迭遭兵燹（xiǎn 火）乃至荡然无存。1921 年，爱尔兰传教士天主教神父高尔文在显正街购王氏地产，筹建西门天主堂。1936 年爱尔兰又一传教士葛鲁森扩建为高隆邦天主堂。此堂属哥特式风格建筑，占地 1011 平方米，系二层混合结构，底层内廊式布局。二层礼拜堂，侧廊为砖砌图案。教堂平面狭长，主入口上方设玫瑰窗，内部明亮，可容 500 余人。两侧耸起砖筑方塔，墙面多用半圆形线脚装饰。武汉市人民政府 2006 年 8 月 12 日公布为"优秀历史建筑"。此一匾牌已嵌入教堂大门右侧墙上。某天上午我正在手抄牌文时，凑巧竟邂逅一位穿简朴便装、温文儒雅的男士。他邀我进堂小叙，双方自我介绍后，他坦诚地说："我是高锐庆神父。"我说："年轻有为，怎么到汉阳天主堂来了？"他滔滔地说："我今年 47 岁了。1988 年武汉教会到山西长治招生，经过考试，我考上了武昌花园山中南神哲学院，毕业后到乡下传教 8 年，后被分到汉阳天主堂。"面对这位年轻人献身于罕见的事业，执行中央正确的宗教政策，是值得令人赞赏和尊敬的。握别时，我们约定还会见面，他当即把手机号留给了我。神职上帝也用高科技通讯设备，天国之子也与时俱进！跨出天主堂，在仲冬骄阳映衬下，我学着用右手划十字，心里默念着："高锐庆神父，明日的红衣主教，祝福您，上帝与您同在！阿门！"

三槐岭地貌巨变，陡坡依旧，除建有天主堂外，还建有楼高 17 层的武汉羽绒服装厂厂房。该厂改制迁址经营后，厂房被租赁给武

汉阳天主堂

天主堂高锐庆神父

爱国爱教高神父

天主堂内景

汉市第五医院住院部第三病区 SPECT/中心使用，市五医院的前身是属于教堂的高隆邦医院，由高尔文传教士创立，1938 年抗战时，白求恩与此教会医院曾展开合作，医病救人，成为一段史上佳话。

天主堂旁边的两条陈旧陋巷，三槐一岭（1—22 号），三槐二岭（1—35号），"文革"中被认为是封建遗存，曾改名为群建九巷，现已复名。"文革"期间，天主堂被无线电器件四厂占用。"文革"中期，数学家华罗庚院士曾视察该厂关于他发明的运筹学应用的情况。当天华院士高大的身材出现在天主堂大门口，围观者达数千人，曾出现断街半小时之久的盛况，争相目睹这位中科院院士、美国科学院外籍院士的风采。1985 年，华院士在日本讲学，因心脏病倒在东京的讲坛上。斯人已逝去，汉阳人民还在怀念他。

这些旧闾陈庐，依稀还可觅见古城沧桑的年轮往颜。小巷深处杂乱无章的半新半旧的民居，不入时流，但静穆祥

三槐一岭 1 号石库门尚存

和，显得怡然自得，还保持着淡泊原生态窘境，让我们社会学者和好事者，可触摸市井庶民生态体温。这在当前市侩浮躁者尊容前，显得是何等可贵的高尚品质！

三槐岭为王氏所创，不知王氏后裔可否还有遗民留居祖籍风水宝地？清末民初，此岭历来居者为官宦殷实之家。当年三槐岭曾出现一位名叫万拨伯（1875—1936）的汉阳首富。他官运亨通，是著名实业家，又是个爱国者。他祖父经营盐业，家资巨万，岭下的陶家巷内还建有万氏花园私宅。

史载：万拨伯，光绪时武举人，任汉口淮盐公所总理达数十年，曾历任安徽候补道，汉口业主会会长。1906 年与宋炜臣合办汉口暨济水电公司。1909 年任湖北谘议局议员。1911 年辛亥革命时，万拨伯毅然出山组建汉阳

商团，积谷 3000 余石，以辅辛亥革命。他曾任汉阳商会首任会长，开展实业救国，买房产 70 栋，广置田产，创办酱园铺、药店、水电公司等店铺，同时兼营疋头号、米厂、钱庄、盐号等跨界生意。他一生恣意玩乐，挥霍无度。天命之年，五旬寿辰，官商云集，省长肖耀南亲临祝贺，给足面子，风光无限。北伐时避居上海，1936 年病故身亡。他是闻名汉阳三槐岭的达官贵人，商界巨头，也是精英，成功的高知爱国者。

在当前汉阳涅槃式的大拆迁中，古城繁华的西大街和显正街面临拆光之命，三槐岭也在其中。明清步行街将突兀眼前，大为提高定位旅游风景区的汉阳的档次。目前通衢大升级中的无奈，是为了明日的期待。步行街中段的天主堂宗教文化广场上，将竖立耶稣雕像及具有伊甸园文化元素氛围的建筑物；毗邻的七百余年高寿的"汉阳树"也将转型中华荆楚文化广场，二者携手成为步行街节点中两颗熠熠发光的亮点。前期江滩朝宗门文化广场早已落成，已接待八方来客。武汉市、区两级政府励精图治，政通人和，用巨擘大手笔规划阳城黎民之梦的宏图大业，值得全市千万百姓为之点赞！

让我们举起双臂欢呼汉阳古城的明天！

让我们欢庆千年的显正街、西大街、三槐岭在涅槃中得到永恒的新生！

三槐岭最后的老住户享受残阳的余晖

茅台须饮两干杯

——丰子恺逃难得茅台轶事

我国现代著名画家、文学家、美术家和音乐教育家、翻译家丰子恺，是一位多方面卓有成就的文艺大师。他曾任中国美术家协会常务理事、美协上海分会主席、上海中国画院院长、上海对外文化协会副会长等职。他一生有文学、音乐、书法、艺术理论等方面著作150余种传世，而影响最大的是他的绘画作品。他于1924年开始用毛笔作黑白简笔漫画，因风格独特、内涵深刻受到国人喜爱，影响几代人，被国际友人誉为"现代中国最像艺术家的艺术家"。

丰子恺——最像艺术家的艺术家

一、率眷逃难避寇途次

丰子恺（1898—1975）浙江桐乡人，原名润，号子觊，后改为子恺。十七岁入浙江省第一师范学校，从师李叔同、夏丏尊。二十二岁筹办上海专科师范学校。二十四岁加入"文学研究会"，后游学日本。次年任春晖中学教职，始用毛笔做简笔写意画。二十八岁创办立达中学。三十岁生日时正式从弘一法师皈依佛门，法名婴行。三十九岁（1936年）参加中国文协。翌年，不惑之时，国难当头，日寇铁蹄犯我南京、武汉，丰子恺开始率眷走上南逃之路。先抵桂林，后达广西宾阳，浙大任教。宾阳不久也沦陷，浙大嘱师生员工各自疏散，丰教授随浙大师生扶老携幼，仓皇赶往数百公里外的贵州都匀。两地嵌九万大山中，道路崎岖，交通阻塞，且民穷地瘠，盗匪路劫，哀鸿遍野。他偕老岳母、老姐、老妻、十一岁男孩、十岁女孩，一岁多的婴孩，外加十五件行李，忧心逃难，将家分两处，分别携带轻便行李，各自找车子到达贵州都匀，在车站及邮局贴字条以便相会。这样化整为零的逃难，沿途受尽磨难：每天逃两个警报，吃一顿酒，迁延度日，还要接受汽车夫大敲竹杠，被骗百元定金，狼狈至极！事后丰子恺揶揄自嘲地说："我是艺术的逃难，的确受艺术的帮忙。"

二、颠沛流离过河池

1937年，国难当头，丰子恺家毁，带眷十一人，逃离汉口、长沙，南下桂林。此时浙大已由杭州南迁广西宾阳，丰教授供职浙大讲师。1939年宾阳沦陷，浙大决定北迁贵州遵义。全校师生各自设法向贵逃难，计划先期到达贵州都匀，再迁遵义。山河破碎，国家沦亡，全民在劫，丰家在这群罹难逃亡洪流中，饱尝骨肉分离之苦，羁旅磨难，忧心如焚，一言难尽。丰家化整为零，计划中分两批北撤，先"把老弱者六人送到百余里外的思恩县学生家里。自己和十六岁以上的儿女四人住宜山。""幸有一友，代我及其他两家合雇一辆汽车，一千二百元送到都匀。"开车那天遇警报来袭，汽车不来，被骗定洋一百块钱，翌日叫儿女四人各自找车到达贵州都匀，以邮局贴字条会面。这天，丰子恺决定徒步四十五里到怀远站，再到德胜，仍无汽车、滑竿，只好一天跋涉九十里去德胜。听说此路有盗匪路劫，将身上钞票八百余元用破纸裹好，握在手里，有难时抛在草里，过后再回来找。又在德胜空住数天，决定坐滑竿，雇挑夫，到河池，再觅汽车。当天早上，来了十二名广西苦力，四乘滑竿，四个脚夫。把人、物，一起扛走，迤逦而行，晓行夜宿，三天才到达桂北古镇河池。沿途享受山居风光古朴旖旎如画的大餐。

三、绝处逢生，因缘醉卧茅台

从桂中的宾阳到黔南重镇都匀市，逃难至河池走了将近半程之路。此河池县繁盛漂亮，旅馆设备，一切俱全，竟像杭州中等旅馆。丰子恺破晓去车站找车，但见仓皇、拥挤、混乱之状，不可向迩，只好颓唐地回旅馆，窗前怅望，南国冬日，骄阳艳艳，青天漫漫，胸怀渺渺，后事茫茫，心里盘算着，一群老幼，流落道旁，如何是好？传闻日寇将攻河池，包围宜山、柳州，后事更不堪设想了。旅馆老板见之慰之，并说："如打过来，可到我山中的家去避乱。""我流亡之人，何以为报呢？"老板说："趁避难之暇，写些书画，给我子孙世代宝藏，我便受赐不浅了！"交谈之下，两人便成朋友了。

翌日，老板拿出一副大红闪金对联来，要求丰教授书联。客厅中墨早磨好，浓淡恰到好处。老丰提笔写普通庆寿八言联，那闪金纸不吸水，墨沈堆积，历久不干。账房提议：抬到门外马路边去晒。由茶房帮同，二人把墨迹淋漓的一副大红对联抬了出去。写罢，丰教授带上一颗沉重的心上楼休息，岂知一线生机，就此发生。老板上楼带来穿皮夹克壮年男子赵正

民，听其无锡口音，乡言入耳，分外可亲。他自述在门口看见晒着红对子，便寻上来找老乡。当丰教授向他诉说几日苦衷，他慷慨地说："我有办法。我是汽车加油站的站长，明天正有一辆运汽油的车开往都匀，尚有空地，让你先走！"晚上同司机来旅馆，老丰好比暗中忽见灯光，惊喜、雀跃起来。这江苏同乡为萍水相逢，他的话岂可尽信？只好盼望侥幸发生。不料稍晚赵站长带司机又来了，问明人数，点明行李，且拿出一卷纸要老丰作画。这次破例在昏昏灯光下，用恶劣的纸笔作画。次日一早赵正民提着一坛茅台名酒亲来送行，汽车顺利开出站门老远，还见小赵抬手相招的正影，其场景叫人泪奔。客货两用汽车风驰电掣驰骋在简易的黔桂公路上，进入两省九万大山，掠过独山古镇，下午稍晚时辰便安全到达了目的地都匀。在车站，丰子恺全家十一人，在离散十六天之后，在安全目的地重新团聚，老幼俱各无恙。当晚全家在都匀中华饭店聚餐，丰教授每日写文创画之余，喜欢小酌绍兴老黄酒，今夕老少欢乐一室聚，见大家笑得合不拢嘴来，忙拿出赵君赠送的茅台酒来。正是"人生难逢开口笑，茅台须饮两干杯！"是晚，丰子恺独酌茅台空樽大醉而归。

丰教授全靠一副对联的因缘，使全家脱离羁旅国难的困顿之境，同时意外获得来自赤水河的醇厚琼浆，享受醉卧茅台之乐趣，不也是人生快哉的事么？人生巧事因缘，全靠天造地设，非人力所能把握。寒山子诗云："碌碌汉子，万事由天公"，世间万物诸事"事在人为"，更是天意所造化。

智者乐水与人生之炼成

——读李遵厚老师《荆楚轶事录》笔记

《荆楚轶事录》是李遵厚老师的第二本著作。他的第一本著作在这本书的作者简介中有介绍："李遵厚，1962 年华中师范大学中文系毕业。致仕后为自由撰稿人。主研历史地理、民国史、民俗文化、姓氏文化等学科领域。用心观察社会，用写作打发余年。拙文百万言，散见于省市各文史杂志及报刊。二零一四年中国文联出版社刊出《武汉琐忆》一书。三年后再结集文汇出版社刊出《荆楚轶事录》文集付梓。力图袭用历史大散文叙古今，从往事沉浮中，享受人生悟道的真谛和乐趣。"

《荆楚轶事录》里有好几篇文章我曾提前拜读，有的甚至还与他有过切磋。比如：《鄂东学者廖作霖》《家祭无忘告乃翁》等。那是因为我们一群人曾经想出一本类似的书，但那书搁了浅，李老师的书却先行付梓。这也算是拖沓与坚毅的对比，学生与老师的差异。

虽然读过李老师很多文字，但我认为，这本书里的作者简介是最能勾画他人生性情的"闪客"，迅捷而闪耀、惊艳而厚实。

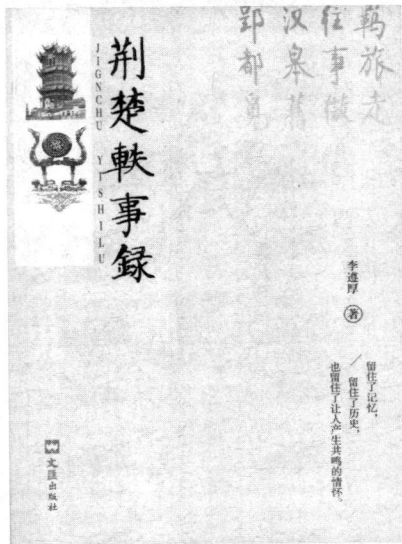

《荆楚轶事录》封面

首先，1962年的大学毕业生，是避开那个荒诞年代的"十七年"时期的学子。"文革"之后之所以曾高度评价"十七年"，一是"文革"不文化带来的强烈对比；二是虽然有过了"反右"，但是，13年前的教育习惯还留有浅浅的辙印，"老朽"们还未死干净。所以"十七年"的学子们赶上了此后难以遇见的学术尾巴。在李老身上的表现形式则是扎实的中文功底；对文化追求及人身理念的坚持、锲而不舍。参加李老家里举办的文学沙龙，我说他身上最为珍贵的东西是直言不讳，就是指的这后一个意思。

李老说他"主研历史文化，用写作打发余年……享受人生悟道的真谛和乐趣"，其中的绝大部分是真实感受。一位80多岁高龄老者，没有对历史与文化的挚爱，没有乐在其中的良好感觉，一而再、再而三地以著作示人是难以办到的，何况在此期间曾数次生病住院。但以我与李老的密切交往，若论其创作与生活境遇处处充满乐处也不尽然。与其相伴、交谈，我感觉在他情感与观点的表达中往往有不快，甚至愤怒多于乐趣。其中，绝大部分是对政治观点的偏颇及歧见的不满甚至愤怒，套用现在的流行语，李老师是使用"正能量"对"负能量"予以回击。这一点有不由分说之势！我从不与之辩论！

《荆楚轶事录》发布会合影（后排右一，本文作者侯红志）

社会交往中，一般，暮年之人对事物的负面多于中性或正面，这与其历经风霜，饱尝世事的心路历程有关。李老师属于完全相反的一类。以李老师这年纪，经历过了"反右""文革"等多次政治运动，经商潮、下岗潮等多次社会经济变革，作为一位具丰富积累及判断能力的知识分子，其积极的"正能量"观点及积极的心态必然有其道理。从知识及文化层面分析，我将其归纳于哲学的事物分析法则使然，因为哲学的观念与方法在人的思维方式中是一种潜移默化现象，李老师的学术经历应该具备这种思维轨迹。我们应该注意到，在我们身边有着诸多这类现象与这类学人，如果我们的理解能力无法令我们揭开对方的谜底时，我们应该意识到哲学的、辩证的方法论的社会存在。在我们身边是有着很多智慧型的良师益友的。

对李老师状态的另一分析来自于他的家庭生活。在他家客厅最显眼位置，常年端挂着其父亲——北伐中将、抗日英烈李威将军遗像。李将军抗战时期任第五战区鄂东第 21 游击队司令，于 1941 年 10 月 31 日在第二次长沙会战中，前线指挥部被日军炮火炸死，为国尽忠。台北忠烈祠颂有抗日烈士证书。将军牺牲时，李老师尚年幼。至今，父亲在他的家庭中最为尊崇，他曾为父亲竖碑立传，在保定军校捐献其遗物。在《荆楚轶事录》中有张照片，李老和他的女儿双双用手指着武昌石门峰辛亥志士碑上李威将军的英名，其虔诚之态，蕴含其家风的传承。李老师两个女儿学有所成，现均在澳大利亚发展事业。李老时常客居澳洲，潇洒来去。

父亲的革命经历和当今儿女们不受桎梏的生活自由，显然也是他状态积存的另一个原因，一个更好理解的原因。

孔子说：仁者乐山，智者乐水。李老师的房子临近汉阳江滩，从房间窗户里便能看到长江。有位天津的客人来汉坐车过长江大桥，看到眼前的长江不禁大声惊呼：哇，这大的江啊！后来我去天津出差，看到那条比汉水还窄的海河，才明白其惊诧的缘由。李老师说，他的很多文字都是散步在窗前生成的。一条大江给了李老师多少激情、沉思与智慧？在他的第一本书《武汉琐忆》，第二本书《荆楚轶事录》可以找到答案。大江对人们的滋润与抚育是公平的，但结果却各有不同！

（侯红志）

英雄无名无以能名，烈士有功有所表功

——寻访通城天岳关

通城天岳关位于湖北最南端的通城县麦市镇境内，地处湘鄂交界处黄龙山主峰只角楼一小山凹处，与湖南省平江县交界，海拔高度约840米。黄龙山属幕阜山脉，山凹正中有条石砌成古关一座，上刻"天岳关"字样。

天岳关又名古长山寨，地势险峻，紧扼湘鄂要道，自古为兵家必争之地。据传"天岳关"三字由清代平江才子，曾任云南布政使司的李元度亲笔书写。（通城一侧的"天岳关"三字缺"关"字；平江一侧的"天岳关"三字完整。）现存关卡为咸丰五年（1855年）重建。据县志记载，南唐保大中期（952—955年）建长山寨（今名天岳关）于黄龙山西部要隘；后周显德三年（956年），后周南面行营统领兼中书令王逵率部队从岳州攻南唐，绕过雁门关（通城北港镇雁门村，1997年修复）、保定关（通城马港镇寺前村），奇袭地形最险的天岳关，歼南唐守军3000余人。宋代岳飞领剿洞庭杨幺，曾派兵屯此关；元末红巾领袖徐寿辉据鄂州守此关，并遗下"统军元帅府印"（国家一级文物，现存通城县博物馆）；清咸丰年间，太平

天岳关今尚存

军从湘由此入鄂占领通城。1926 年，北伐军经天岳关进入通城。1997 年被列为湖北省重点文物保护单位。

位于天岳关西侧通城县境内建有天岳关抗日阵亡将士纪念亭，纪念亭始建于 1939 年。该墓占地面积 2 万平方米，由仪门、甬道、主墓、纪念碑、永久亭、英雄泉、碑林、烈士陵等组成。1939 年 9 月，第 92 师奉命南撤，其时无名英雄墓尚未竣工，师长梁汉明即率部至墓地祭奠，并留下一个班督修完成。惜"文革"中遭毁损，1987 年修复，2002 年被列为湖北省重点文物保护单位。

国民革命军第 92 师组建于 1931 年，属国民党嫡系部队，全师官兵佩戴蓝色胸章，胸章图案是：上部有九颗星，中间"十"字像帆船，下部的"二"字像海水波纹，有"星海"之形，又含有"九十二"之意。1938 年 4 月被编入第 46 军战斗序列，曾参加台儿庄会战和武汉保卫战。92 师伤亡达 4000 多人，占全师总人数三分之二以上。武汉失陷后，该师撤至通城西南，据守天岳关一线，先后参加过九岭阻击战，通城县城攻夺战及锦山、铁柱港、咸宁柏墩、通山太阳山战斗。在历次战斗中，该师官兵浴血奋战以身殉国者众多。在县内锦山战役中，92 师有 1000 多通城籍伤亡军人。为纪念抗战阵亡的将士，时该师师长梁汉明用补发的军饷和战亡将士的抚恤金，在天岳关建墓勒石，以旌忠烈。

仪门　位于天岳关北面 15 米处，面向东方，呈"廿"形，全部由条石构成，门高一丈多。门楣阴刻隶书"无名英雄墓道"，两端为石雕龙头。两边门柱上端雕有 12 尺高的军人头像，头像下面阴刻"灵护天岳，气壮黄龙"对联一副，对联下面两个站岗的军人浮雕像。浮雕目光炯炯有神，威严地注视着前方。

主碑　位于天岳关之阳 200 米处一山顶上，为墓区主体。碑为石板平台，长 42 米，宽 351 米。平台正中立有通高 13 碑。碑座为金字塔形，基层 12 平方米，共 5 层。碑座正中碑石下宽上窄梯形，高 46 米，面向通城，正面阴刻隶书"无名英雄墓"，左侧阴刻第九战区司令长官薛岳题词"浩气长存"，右侧阴刻第 12 军军长李仙洲题词"人类之光"。碑石顶端，原有石雕骷髅像，以示全师将士誓死抗日，不惜马革裹尸、白骨露野的决心，后维修时改为军人头像。碑前立有蒋介石题词"气壮山河"，由4块大石板拼接而成，高4米，基座为整块条石，长132米宽15米，墓后立有墓志铭，为一高6米宽3米整块石板，连基座通高9米墓志铭是梁汉明师长向通城、平江、修水三县征文所得（作者姓不详），字系平江县石浆乡塾师闵默秋先生所书。碑两侧各有高3米的子弹形石雕12个。碑四周是石栏杆。墓周围是大小不一的碑林，共收藏着第九战区司令长官薛岳、参谋长吴逸志、第五十二军军长关麟征、第九十二军军长李仙洲、第九十二师各级军官及当地军政要人为墓碑的题词400多块。

为了按原貌修复这座墓园，当地政府在附近的三省三县（通城县、平江县、修水县）的山头上，挨家挨户地找寻当初的被毁石碑石材。"气壮山河"的石碑，就是在一家农民的后院中找到，只是尚缺一小块，仿照原迹把"山"字的一边补上。当时找到了曾经参与修建墓园的一个老石匠的儿子。按照他的记忆，绘制出了墓园的图纸，奇迹般地恢复了原貌。主墓后墓志铭，因为损毁严重，无法辨认。但发现山里的一些小学生居然会背

蒋介石题词"气壮山河"

这篇文章。原来有一位小学老师，经常到这里瞻仰，十分仰慕烈士，就把碑文背诵下来，教给了他的学生。石碑的顶上雕刻一个士兵的头像，这种做法似乎在别处墓园很少见到，那顶上原本为一颗骷髅头，重修时觉得有点可怕，就换成了一个士兵的头像。

主墓背面为 92 师师长梁汉明撰写的墓志铭：倭寇侵凌，国土沦陷。本师将士，负全民之重寄，抱杀敌之决心，衔命抗日，驰骋鲁鄂，与敌鏖战达十余月。奈我英雄，捐身躯，拼头颅，冲锋陷阵每多壮迹，迂回继袭突建殊勋。本师之能达成任务，迭奏肤功者，英雄之勋甚伟也。报国尽忠，丹诚昭于日月。舍生取义，浩气连夫乾坤。英雄身死矣，精神震铎寰宇。英雄气绝矣，遗烈彪炳千秋。寄忠魂有托，树后死楷模，爰于己卯五月，避天岳关之阳，建墓勒石，以旌忠烈。抚碑兴思，幕阜云黯。书帛着绩，天岳星辉。我后死将士，能不缅怀壮迹，勇赴事功，扫荡敌寇，复兴民族，以慰英雄在天之灵者乎？铭曰：壮志凌云，生活艰辛，连年长征，救国救民。昔同甘苦，今竟成仁。出师未捷，何堪先殉？求仁得仁，不负此生。忠昭日月，义泣鬼神。英雄无伦，崇高无论。万古凛烈，感召后人。中华民国二十八年陆军九十二师师长梁汉明率全体将士建立无名英雄墓纪念。

梁汉明（1900 年—1996 年），黄埔军校第一期毕业。别号星海，别字少辛，广东信宜人，出生于镇隆镇大水坡村。其父亲梁树熊，清朝秀才，后加入同盟会。1911 年武昌起义后，梁树熊协助林云陔领导高州反正成功，后任孙中山总统府机要秘书，茂名、鹤山、德庆等县县长。梁汉明本县镶隆高等小学毕业，广州圣三一英文专门学校肄业，峨眉山中央军官训练团将校班毕业。曾任广州圣三一英文学校平民义学校长两年。1924 年春由西路讨贼军第五师师长林树巍保荐投考黄埔军校，同年 5 月入黄埔军校第一期第二队学习，毕业后参加第一、二次东征和北伐战争，历任国民革命军排、连、营长，1931 年任第九十二师上校团长，1935 年任中央军校学员总队上校大队长。抗日战争爆发后，任第九十二师少将副师长、师长。1938 年 6 月授陆军少将。1942 年 5 月任第九战区第九十九军中将军长，兼第九十二师师长。先后率部参加徐州会战、武汉会战、昆仑关争夺战、第一至四次长沙会战诸役。1946 年任整编第六十九师中将师长。同年底因苏中战役失利被撤职，转任国防部中将参议。1949 年任广东省保安第一师师长。同年 10 月到香港，后转台湾定居，曾派任新海港务顾问，台北市信宜同乡会顾问。著有《八十述怀诗集》等。1996 年 2 月 24 日在台北荣民总医院逝世。

1991 年，当时已 90 高龄的梁汉明从台湾给堂侄梁伯彦写信，信中回忆写道："在抗战中，余任九十二师师长时，先后有十二个补充团的新兵调来，每团多则 1200 人，少亦 700 多，个个都是父母最疼爱的儿子，而到了前方参战，大多数为国伤亡。据余回忆，抗战八年中，我军官兵在前线阵亡的共达一万零四百余人之多。想到此种天伦之爱，午夜思之，余不禁潸然泪下也！"

永久亭　距墓道约 60 余米，为 4 柱 4 角石亭。亭内有圆石桌 1 张，石墩 4 个。北面亭柱阴刻"英雄无名无以能名，烈士有功有所表功"对联。亭身均为长条青石方架构，顶部盖以青石板。南面亭柱上阴刻梁汉明撰写的对联："英雄无名无以能名，烈士有功有所表功。"

无名英雄墓群　在主碑左前方，每座墓前均立有"无名英雄墓"小石碑 1 块。其中有一座孙鸿基少校的坟墓，是整个无名英雄墓园中少数可见的"有名字"的墓地。孙鸿基是安徽涡阳人，在通城"九岭阻击"战中牺牲，牺牲时 27 岁，生前为上尉连长，牺牲后被追认为少校。1938

永久亭

年 7 月，孙鸿基所在的三营担负着掩护大部队撤退的任务。26 日晚，九江失守。第九战区急调中央军精锐七十四军阻击。七十四军五十八师 172 旅和 174 旅行进时的路线会互相交叉，行进序列一片混乱。172 旅旅部突然遭遇一股敌骑。旅长邱维达急令旅部特务排阻击该敌。后又命令十几名参谋参

无名英雄墓

加战斗。正当情况万分紧急之时，孙鸿基途经此处，虽然全连只剩32人，操起大刀，带上手榴弹，冲了过去。战场的形势马上得到控制。而且自己的四连余勇们在解围战中毫发无损。战后邱维达将孙鸿基的事迹逐级上报，薛岳不仅表彰了九十二师梁汉明"精诚团结"的治军作风，而且奖赏孙鸿基连200大洋，赏孙鸿基本人100大洋。蒋介石知道了这一"典型"后，结合九十二师近十个月从山东转战徐州台儿庄的赫赫战绩，令九十二师在黄龙山休整时建立"无名英雄纪念碑"，并亲笔书写了"气壮山河"四个字，以示对烈士的追思和对九十二师官兵的鼓励。孙鸿基这个军衔并不高的上尉连长，一时间在第九战区竟赫赫有名。

1939夏，九十二师奉命在通城九岭阻击日军南下进犯长沙。孙鸿基的四连奉命在一座山头担任阻击任务，全连两挺机枪打得枪管通红，手榴弹也所剩无几了。鬼子的第五次冲锋又开始了。孙鸿基瞪着密密麻麻蜂拥而来嗷嗷直叫的鬼子，心里一急，愤怒地从机枪手中夺过机枪，冲出掩体，大叫着朝鬼子冲去。正在孙鸿基打得性起时，被侧面鬼子的一梭子弹击中，子弹从左腹穿过，肠子从右腹流了出来……其英勇事迹被《长沙日报》报道。孙鸿基的妻子闻讯赶到通城，在山上为丈夫守灵三年。

（韩少斌）

昨日武汉牛皮行业话沧桑

——记新新制革厂

解放前武汉牛皮行业，是由行栈、销售、制革等三个自然牛肉行业组成。

行栈是代客买卖双方起媒介中间作用。牛行"掌盘人"看牛先生，凭眼力视测估算牛的分量，而定价待售，其准确度达 90% 到 95%，为行商和客商所信服。交易过程有"明盘"，类似拍卖形式。双方公开叫价，行方主持，成交后收佣金、伙食费和牛的草料费。交易还有"暗盘"另一形式。即行方召集买卖双方个别议价成交。按规收取行佣金，公平公正合理。

牛的来源，有南北之分，南方有湖南的华容、安乡、南县、岳阳。本省有当阳、汉川、应山、广水、均县、光化、嘉鱼等地。北方河南的驻马店、邓县、漯河、南阳、潢川、信阳等地。汉口牛行集中在刘家庙、六大

慈母手中线

1937 年 6 月 12 日武汉某报广告（张晟林供稿）

堆、陈家湖、满春路一带。130 多年前广益桥牛肉行业鼎盛时期，每天宰牛五六十头上市场供应。1912 年到 1937 年之间，牛宰户已发展到 40 余家，每天宰牛达百余头之多，冬季达 200 多头。1939 年汉口沦陷时期设立两个屠宰场。第一屠宰场在牌楼街巷内；第二屠宰场在球场街怡和仓库内。解放后 1951 年在居仁门、崇仁路，设立牛羊加工厂，牛肉零售、批发兼行。行商肩挑叫卖，每天可卖 200 余斤，收入可观。坐商在广益桥、长胜菜场、合成菜场，及兰陵、天声、三元、大智门等菜场共 200 余家专售牛肉。生意兴旺，汉回争购，市场活跃。

牛肉行业产生一些附属行业，如牛皮坊、牛骨坊、胶坊和牛杂餐馆。牛皮坊是将生牛皮加工成熟牛皮的作坊，其成品可制成皮鞋、皮箱、皮件。居仁门、精武路一带开了 20 余家作坊。

汉口地界狭小，不宜开大型场子。先公李威早年参加辛亥首义，后参加北伐战争，荣膺中将师长之职。蒋桂战争后，先公毅然退出军界，决心实业救国，开办长江饭店、新新机器米厂、恒益军服厂。1928 年在武昌南郊炭厂角玻璃湖开办一个大型的新新制革厂。此厂占地数十亩，临街厂门为一长条两层楼职工宿舍，亦有单房百余间。厂内临湖畔有一小洋房，那是经理与账房先生下榻之处。西北部为大型车间，数十根洋灰水泥柱支撑着脊檩红瓦，高大明亮。最醒目

武昌新新制革厂原址（炭厂角街）

要算占地半个足球场的浸泡池，像个浅水儿童游泳池，几十个池子，分隔着若干小池子。池内水是皮硝、硝酸钾成分，将生牛皮投入浸泡脱脂。然后用芒硝加入硝酸钾等杂物，可以鞣皮子。为了精加工，常用朴硝和芒硝加黄米面等处理毛皮，使皮板儿更柔软。其化学配方复杂且保密，这也是行规。硝一张皮子，工序繁多，传统工具十余种。几十号工人分组完全手工制作。20世纪30年代是该厂黄金时代。产品打包装船出巡司河，逆水驶至汉口，分售给牛皮坊，制作皮鞋、皮箱、各种皮件，甚至远销五口通商口岸。这种上规模的生产方式，盈利可观，日进斗金。20世纪40年代，日寇铁蹄踏入中国，武汉沦陷，先公重新穿上军装，共赴国难，到敌后任鄂东抗日游击队第21纵队司令，将制革厂交给我五叔李道瑜经营。日寇打压盘剥，其生意每况愈下。五叔是个书生，不懂经商之道，待到抗日胜利之际，生意入不敷出，完全倒闭，只剩一个偌大的厂房。适至1950年，黄陂县土改，爷爷在抗日时曾和新四军有过合作，仍被划为开明地主成分。祖父当年已年过九旬，且有多病缠身，农协要交浮财，四个叔父已分爨经年，当时都是家大口阔，生计难以维持，共同商议将武昌制革厂择日待沽，以解燃眉之急。武汉市轮渡公司因大发展，需要大块用地，经张老干说项，双方成交。家母仅留小款，买了一台上海牌缝纫机，后到武昌第二合作社做车工，每月工资37元，含辛茹苦地把我们四兄妹全部培养成本科生。绝大部分卖房钱全上交给

中華民國抗日時期 故李宜煊烈士

烈士奮勇犧牲之氣節
永為我國人同胞緬懷景仰

中華民國107年10月16日
致贈留念

台北先公李威烈士灵位留念

农协，支援土改工作。其时先公李威早在抗日战场第二次长沙会战中，在鄂南前线指挥部被日军炮弹炸死，以身殉国，为国尽忠。时年1941年10月1日，年仅五十周岁，英年早逝，先辈千古。

20世纪80年代，我曾去炭厂角，还见到原制革厂车间早已改造成仓库，本想进去观看一二，却因大门见锁，满目凋落，杂草苔藓充盈。踮脚窥探，不知所之，只得悻悻而返。

20世纪90年代，我复观原址，只见原地貌全焕然一新，一条崭新的玻璃厂街赫然亮相眼帘。浅浅一泓清水玻璃湖，未见踪影，一个现代化小区突兀身旁，真是人去故物非，物换星移，新时代，古城展新颜！

往事漫忆

文史钩沉录

武汉面窝面面观

　　武汉人吃早点名曰"过早"，品种繁多，历史悠久，闻名全国。

　　九省通衢的大武汉，舌尖上早点美食首推"三菜一汤"。即：蔡林记的热干面，老通城的三鲜豆皮，户部巷的特色面窝，再加上花楼街的鱼汤糊米粉等四珍品。其中尤以面窝为武汉特有，它既能饱肚充饥，又软脆兼备、老少咸宜，价廉物美，是为别具武汉地域特色的大众化食品。

江城名片户部巷小吃

一、昌智仁发明面窝

据传光绪年间，汉正街集家嘴附近，有一个名叫昌智仁的熟食摊贩，他原靠烤烧饼为生，因卖烧饼的人很多，竞争激烈，生意清淡。老昌穷极思变，想在大米上打起主意。他看到米店碎米比面粉便宜，成本低，琢磨着能否将碎米磨成浆，再加上黄豆炸成米饼呢？于是他找到铁匠商量，为了使米饼脆软兼备，打制了一把边凹中凸的圆形铁瓢，将调好味豆米混合浆，浇到铁瓢中，放到油锅一炸，一个个边厚中薄，周软内脆的米饼脱瓢而去。就像一朵朵怒放的葵花，在油锅中泛起，邻里街坊闻香而来，争相购买。品尝之余，有人问老昌："你这称东西叫什么名称？"老昌一愣，真还想给他取个名儿哩！心想：这米饼形状同面粉做的油饼差不多，只是中间多了一个窝，于是随口答道："就叫面窝吧。"从此名闻遐迩百余年的面窝就诞生了。

二、户部巷谢荣德的面窝最有名气

民国时期，经营面窝行当的摊贩，遍布三镇大街小巷，武昌户部巷有一谢姓以炸制面窝发家致富，传至谢荣德经营有方。20世纪40年代，他在户部巷租门面专营面窝，把面窝小买卖经营得风生水起，声名大噪。谢荣德经营面窝与众不同，舍得投资，重质量，使用优质大米，禁用粉米；还掺进一定比例糯米混合磨浆，同时还选用上等黄豆掺合磨浆。别人用廉价的菜籽油，他用的是香磨油；在佐料上还加上葱花、芝麻、姜末。此物一下锅，就香味四溢，吃起来焦脆适度，泡松可口，三镇慕名而来尝鲜的络绎不绝。

老字号面窝

三、品种繁多的系列面窝

武汉的面窝历史悠久，在百业中长盛不衰，这与它内部与时俱进、创新改革是分不开的。面窝业内人士说：武汉人喜吃尖板眼，样样尝鲜，归纳起来，现今面窝分几个品种。

金黄苕面窝，好吃又好看。

乡愁面窝，江城独有。

（一）炸"圆圈"，去掉中间硬的部分。适用老人牙齿不好，就形成泡软面窝。

（二）别出心裁的"夹面窝"，将炸好的面窝再抹上一层生浆，投入油锅复炸。外软内酥，老少咸宜。

（三）豌豆面窝，泡好豌豆，放入瓢中直炸，就形成。

（四）红苕面窝，将苕切成小块，再拌入生浆，下锅即炸现吃。

（五）虾米面窝，将小虾米注入生浆，开炸即成功。

（六）糍粑面窝，在瓢中加入两条糍粑，一炸成功。

当你站在面窝摊时，目不暇给，任君挑选。

四、1958 年，评选全市面窝冠军

东风吹，战鼓擂。大跃进年代，百业都评比，由工商局干部主持，手提小秤，对三镇每个摊点的面窝，进行色、香、味全面摸查排比，结果武昌户部巷居委会独占鳌头，一举夺冠。他们用两口铁锅，一口盛清油，一

口盛麻油，同时生火后，先在清油中炸半熟，后在麻油中第二次炸好，再出锅。当今早点户部巷成为武汉靓丽名片窗口。当前面窝开炸的老板，可能是这些面窝冠军的后代，传承先辈的业绩，继承往日的荣光。

五、武汉面窝"移民"澳洲

新时期改革浪潮中，大批学子出国留学。小女李枫经过托福考研，全家移民悉尼。羁旅漂泊在外经年，难免眷恋江城风物。前年我去探望亲属，带去我在显正街土产铺花七元钱买的炸面窝铁瓢。今年重阳佳节，她打来越洋微信电话，讲述用苔面窝招待湖北武汉老乡的故事。

有个周末，她准备半盆切成小块的红芯苔，拌上少许面粉和水，再撒上一把盐、芝麻、小葱、味精等佐料，拌均匀。再用小勺将拌好的苔丁倒入铁瓢内，待油锅烧开后，将面窝瓢放进油锅翻炸。两分钟后，将铁瓢内的红苔倒出，在油锅内翻炸至金黄色，便可出锅，大口朵颐。此时，被邀来的九头鸟老乡，一哄而上，边吃边聊，还有洋人举起斟满红酒的高脚杯，觥筹交错，频喊"Cheers"（干杯），更有一小伙子高唱起《洪湖赤卫队》来，思乡之情油然而生。桑梓、神州仍在万里之遥的北半球。看来，武汉面窝越洋渡海，对众多身居异邦多年的九头鸟们，竟然会引起他们对故乡牵肠挂肚的眷恋。朵颐它，更可排遣压在心头多年的乡愁，面窝是真正的特产，武汉百姓名曰"过早"花样繁多的美味佳肴，早已成为城市舌尖上靓丽的名片。

百年前武昌洪山天齐庙会上的甘蔗节

武昌大东门外的洪山，原名东山，南宋端平年间，因随州屡遭兵乱，荆湖制置使孟琪迁该州大洪山僧众于武昌，徙大洪山寺于此，东山因寺得名洪山。它是武汉名胜古迹较多的三山之一（其余二山为龟山、蛇山）。洪山长 1650 米，海拔 115.3 米，环境优美如画，山石峥嵘，含苍凝秀，古树参差，流水曲绕，飞楼涌殿，金碧相错，奇洞异泉，叫人流连忘返。现存宝通寺、法界宫等古建筑和岳松、摩崖石刻等名胜，还有省级文物保护单位灵济塔、兴福寺塔、庚子革命烈士墓、独立团烈士陵园等，已开辟为洪山公园。

上世纪武昌民俗，每年 3 月 28 日东岳大帝诞辰，洪山宝通寺要举行"天齐会"大型庙会。会上钟、鼓、磬、木鱼声终日不绝，在缭绕烟雾中，

东岳庙内看戏的人潮如涌

消失的武昌东岳庙

众多善男信女虔诚拜佛，祈求神灵保护。满山观景看热闹的游人如鲫，更有好色之徒，专门盯着看女宾猎艳，经常惹是生非。清季作家李涵秋在《广陵潮》一书中，对洪山庙会作过生动、纪实的描写。

这一天，洪山小贩如雨后之笋，卖洋糖发糕、顶糕、转糖、捏面人、花生米、狗皮膏药、豆浆、卖"活的"（气球）……都悉数亮相，好不热闹。其中更有蔗贩抢尽风头。甘蔗来自南国两广，因粤汉铁路修通，每运一列车，顷刻三镇售光。每年洪山庙会，甘蔗小贩尤甚，童叟更喜，蔗贩趁机抬价。久之形成盛况空前的甘蔗节。蔗贵人涌，省城流行半个世纪的一首民谣也应运而生：

"三月二十八，洪山敬菩萨，钱多吃甘蔗，钱少吃麻花。"

天齐庙会汉口也有，为何汉口未见甘蔗节？据说元末农民徐寿辉起义，在浠水建都称帝后，派邹普胜智取武昌。约定在城内接应者手持甘蔗为号，邹部官兵入城后，见门口有甘蔗渣的人家绝不侵犯。此后，武昌流传这一天吃甘蔗可以免灾的说法。

后来更有甚者，洪山蔗贩，为了促销，兴起劈甘蔗的赌博游戏。需两人相约共同选一根甘蔗，两人猜头，谁先用鲫鱼背小刀，把竖立蔗身由上而下，先用刀背按着，然后翻刀用力向下直劈甘蔗，将蔗身劈成两半。第二人如法炮制，最后蔗贩公证，他将两人劈的甘蔗放在地上，并在一起，蔗身长者为赢，短者为负家。输者还要当场交蔗钱，这时达高潮，围观者起哄、讪笑，小孩捷足先登，抢下豁皮就吃，众人在欢快中结束这场娱乐之戏，这也印证了老武昌说的："大人吃甘蔗，小伢吃豁皮！"省会草根百姓生活真快活！

民国洪山宝通禅寺全景

昔日宝通禅寺

三镇地名趣闻录

　　城市是人类经济活动发展的必然产物，街名是城市记忆的符号，门牌是房屋的坐标和眼眸。历史悠久的武汉三镇，建城年代有别，由一镇到双镇，到三镇鼎立分治的沿革，各自为政数千年，自然形成别样的奇特的地名趣闻趣事。分述如下。

　　（一）两镇同名街道：

　　西大街

　　汉阳区西门外一条长街，1 至 283 号。由小桥正街、元妙观正街组成。"文革"时曾改名群建长街。

　　武昌区黄鹤楼附近长街，有条小巷子，汉阳西大街比武昌西大街长得多。曾用名西大街、罗祖殿、跃进街，现名九龙井街。建有逸夫小学。

　　青石桥

　　汉阳建桥街有通往西大街的青石桥，1 至 139 号，曾用名湾里正街。

　　武昌青石桥街在户部巷附近，以武汉小吃闻名。

　　三眼桥

　　汉阳三眼桥在扁担山西的琴断小河之上，三孔闸门并立。汉蔡公路又修有新三眼桥，坐落在永丰街三眼桥村东，形成两个三眼桥并立齐飞的场面。

　　汉口三眼桥路在江岸西马辖区，"文革"时曾名红庆路。

古汉阳三眼桥就是三孔桥，保存完好。

凤凰山

汉阳凤凰山位于城区中部，北距龟山 500 米，东望大江 300 米。山体东西长380 米，南北宽 70 米，面积 26600 平方米，海拔 43 米。东部山体已削平。

武昌凤凰山，省城后山，位于解放路北端，东至德胜桥，北临中山路，面积 20000 平方米，高 44.9 米。

（二）顺江叫道，垂直曰路：

江者，长江、汉江是也。如顺长江有和平大道、中山大道、晴川大道。顺汉江有沿河大道、汉阳大道、琴台大道。垂直于长江有武珞路、江汉路、龟北路。垂直于汉江有武胜路、阳新路。

（三）最长、最短之街：

汉口中山大道它属全国里程最长的大道，东西 9000 米。东头还在延长。到刘家庙就有 2506 号。

汉口旅顺路为全市最短路。垂直于胜利街的旅顺路，右侧全街只有中石化长燃大厦一栋房子，占据半边街。

20 世纪 30 年代汉口中山大道街景整洁有序

（四）流动的地名：

夏口两迁：汉口夏水之口曰汉口；武昌夏水对面，也曾曰夏口。

武昌两变：鄂州曾曰武昌，今之鄂城也曾曰武昌。江夏三迁：今之安陆秦朝时曰江夏；今之金口镇隋代称江夏；今之武昌县复名曰江夏区。

（五）城门作路名：

大东门、忠孝门、居仁门、保安门、起义门、大智门。

（六）百业作路名：

打铜街、牛皮巷、筷子街、竹子厂、淮盐巷、药帮巷。

（七）数字作街名：

一元、二曜、三阳、四唯、五福、六合、九万方、八铺街、三民路。

（八）伟人、名人作路名：

孙中山、张之洞、黄兴、黎元洪、张自忠、刘家麒。

（九）官衙命名：

粮道街、后补街、四衙巷、司门口、王府口、都司巷、巡司河街。

（十）以堤为名：

长堤街、大堤口、后堤街、保望堤、广里堤、花堤。

（十一）全市唯一的廊桥：

此桥在巡司河上曰新桥，1714 年总督额伦特重修，故曰额公桥。此桥上方建有风雨顶拱，挂有匾额，可供行人坐息。现已埋入地下河中，永无天日。

（十二）全市最古之街，武泰闸河街：

武泰闸下，巡司河北岸，1 至 91 号，半边街，曾用名沿河街，在修整巡司河工程中，已全部拆光。（见光绪九年湖北善后总局刊《湖北省城内外街道总图》）

（十三）三镇街道门牌颜色之分与口头禅用语：

东西走向门牌蓝底白字，南北走向门牌绿底白字。

三镇人因居地方惯用语——

汉口人因汉水，上游曰高头（上头），下游曰下头。

武昌人以蛇山为限，称山前和山后。

汉阳人以城为限，曰东门和西门。

（十四）两条人工地下河：

汉口有一条黄孝河，百年前黄陂孝感百姓进汉口，坐筏子必走的水道，后水质变黑臭，20 世纪 80 年代全盖上水箱，建成通衢大道。

武昌巡司河水质变坏，20 世纪 90 年代将该河下游，武泰闸至鲢鱼套出江口，全盖上水箱涵洞，建成巡司河路，开发好几个小区，从此千年古河半身阳间，半身阴间，风光不再。

因水质不好将自然河加盖变为地下河，并非明智之举，国家对苏杭大运河治理成功，为我们作出好榜样。

汉口保寿硚现形记

从汉口繁华的民意四路路口走过中山大道，进入对面人流如织的延寿巷；几分钟后走到底，左手是安徽街，右拐进入保寿巷。几分钟走到保寿巷 33 号，当头有两块红色招牌：一面是十三行，小的是红苗幼儿园。

左边是一条 3 米多宽、20 多米长的小巷，朝小巷迈出几步，就来到了保寿硚桥上。

保寿硚又名裕麟桥，始建于清康熙初年（1662 年），清道光年间（1834 年）重建，后因用的是石材，故写"桥"为"硚"。这也是汉口硚口区名的来历。

小巷两旁是一家家挂满五彩十色服装的店铺，不停步仔细观察，根本就不知道这里是一座近两百年的古石桥；有的小店、门坎就是被敲断了的古桥的石栏杆。右手小店门踏阶一边隐隐可见、镌刻在古桥石栅栏上"保寿硚"三个大字；一边是一小块当今文保单位立的碑文。

上面介绍保寿硚始建于清朝康熙初年，当年是汉口镇内山陕会馆一带出城的主要通道；走过这座桥，就出了汉口镇，通向湖汊纵横，波光粼粼，芳草萋萋的后湖、荒郊野外，远方的黄孝地区。清道光十年由山西商人出资改建成这座石桥。

当年，一道长堤把汉江汉道及后湖府河、滠水水系涌来的大水挡在汉口镇外，保寿硚是五百年的汉口镇连通外界重要的桥梁要道之一。

站在保寿硚上，面对着一道逶迤长堤，长堤内是举世闻名的汉口古镇，喧哗的汉口正街，金碧辉煌的关帝庙，山陕会馆，以及堤内药帮巷的药王庙。

据史料记载，这道拱卫汉口古镇的长堤就是大名鼎鼎的袁公堤；

长堤外玉带河上的保寿硚，毋庸置疑是汉口百多年前一幅亮丽的风景。

汉口长（袁公）堤外、保寿硚下，一道宛如玉带的小河缓缓流过。

汉口市民姚光武，寻觅了半个多世纪，仿佛穿越时空，自拍在玉带河岸，保寿硚下的镜头，蛮有时尚、风度。

堤外的玉带河始于今天桥口路的汉江码头，引进汉水，流到现在的王家巷海员俱乐部处汇入长江。在碧波荡漾、宛如玉带的护城河上，横跨着诸如燕山桥、多福桥、喻义桥、九如桥、万寿桥等大大小小30多座各式各样的木桥、石桥，蔚为壮观！足见当年大汉口的经济实力和气魄。

如今桥下河水枯竭，地面已与桥面持平，除保寿硚桥面及当年的石栅栏残存外，再见不到其他林林总总跨河桥梁的踪影遗迹。

假若能穿越到当年，从保寿硚上四顾而望：蔚蓝的楚天白云，碧绿的后湖荒野令人赏心悦目。桥下潺潺的玉带河水流向六渡桥、广益桥，注入长江，一幅多么叫人神往、憧憬的汉口古镇的景致啊！

在数百年漫长的历史时期里，保寿硚的那一头是举世闻名的汉口镇，这一头是汉口北、后湖乡村。

武昌县华林文保工程取得了丰硕成果，据说桥口区政府也有类似规划。汉口现在已经很难再见到150年前的地面建筑了。汉口文物古迹的保护和开发，何不从这座硕果仅存、弥足珍贵的古桥着手，与出资建造了保寿硚、药王庙的晋商、徽商第二次联手，再现昨日：

芳草茵茵的长堤外，一条宛若玉带的小河从石桥下轻轻流过；堤内汉口镇气势巍峨的关帝庙，山陕会馆相映成辉，不远之处还有一座香烟缭绕的药王庙。

当今世界，凡是华人居住的地方，就有关帝庙，华人的店铺，多供奉着关公塑像，在内地也成了习俗；关圣帝已成为人们心目中的财神、喜神、保护神！

假如汉口镇的关帝庙保存到现今，其香火和人气不会亚于汉阳的归元寺。

将保寿硚这一汉口古老的地脉打造成具有明清建筑风格，山陕、徽派地方特色的历史文化游乐园，绿色游览休闲风景区……此等好事，何乐而不为之？

（姚光武）

武汉放歌（歌词）

晨光曦曦，江汉涛涛，龟蛇逶迤。
我登黄鹤楼把你歌唱：
呵，悠悠岁月的武汉
——沧桑砺洗，青春忆华章。
盘龙年轮孕育千年城根，
百年学府传承三楚文明。
辛亥首义推开共和大门，
汉正街弄潮大武汉财富，
晴川历历铁铸汉阳造。
呵，心中的武汉三镇，
敢为人先，城市英雄。
我永远把你歌唱!

东湖涟漪，驰誉江滩，主轴新城。
我上楚天台，为新时代放歌：
呵，梦幻般的武汉，
——两江架新桥，长虹映江流。
锦绣光谷潮头扬子涌，

地铁织江城，幸福千万家。

中部崛起，三楚雄风名天下，

文明花雨洒乐土，

江汉朝宗奔小康。

呵，碧波荡漾的武汉，

壮美河山，史诗江城。

我永远把您思念！

伟大航海家郑和七次下西洋

一、郑和其人

郑和是我国古代的伟大航海家，明朝永乐三年（1405 年）至宣德八年（1433 年）的 28 年间，他率领 250 余艘远洋混编船舰，27500 余人，当时举世无与匹敌的海上船队，完成举世瞩目的七次下西洋航海壮举。

郑和，回族，云南昆阳县人，原名马三保（宝），史载他的鼻祖为伊斯兰先知创始人穆罕默德，是圣裔。郑和在中国的第一代祖先叫所非尔，是穆罕默德 500 年后第 26 世孙，他本是中亚伊斯兰教文化名城布哈拉（今境内）的国王，由于受邻国侵扰，他率 5000 人流亡来到宋都汴京，受到宋神宗的优遇，封为"朝奉王"，他率部参加宋王朝平乱战事，他自己国内侵扰平息，他的大臣来迎他归国，但宋神宗坚留他"驻京保国"，由此他开始在中国世代定居生息，即是谓圣裔东传。后宋亡元兴之际，圣裔 31 世孙赡思丁，郑和的六世祖归附元太祖，被委任"咸阳总管"的地方官，其后代亦称为"咸阳世家"，他后来做元中书行省平章政事（省长），政绩斐然。他修孔庙，请川、陕硕儒来云讲学，使蛮荒民风渐开。他还整治滇池，凿宣泄口、建松华坝水闸分洪，开 6 条人工河，完成有效水利系统工程，造福于滇民，在政治上治服叛敌土司，曾有"八十余州，籍四十万户"前来归顺。统一政令、民族平等、团结局面出现了。他还兴建 12 座清真寺，至今昆明尚存南城寺和永宁寺。

回族汉化，取汉族相似姓名。以"马、哈、麻"三个字为姓，"十回九马"特色出现了。郑和原名马和。他有一兄叫马文铭。当年明军在灭元战争中，常掳掠儿童阉割为内监，12 岁时，郑和被朱元璋分发给他四子燕王，成为朱棣内监。郑和眉目清秀，聪明伶俐，具有先祖基因传承，他侍候燕王及宫妃之后，青灯黄卷伴深夜，广读兵书文史，特别是两域航海史记，唐玄奘的《大唐西域记》和汪大渊的《岛夷志略》，使他心情激荡。郑和学而不厌，锲石成金，在宫内被誉为"才负经纬，文通孔孟"。因随成祖起兵"靖难"有功，被擢任为"内宫监太监"，赐名郑和。原来马和变成郑和。其中有两因：一是朝廷忌讳，马不能登殿；二是朱棣在京郊区郑村坝一役，对翦灭诸雄取得最后的胜利至关重要，皇上以"郑"姓为纪念。时至解放后，郑和 19 世侄孙郑勉之，20 世纪 50 年代毕业于苏南新闻专科学校，任江苏省伊斯兰教协会秘书长，他寻绎到郑和鲜为人知的祖先血脉谱系和郑家历史踪迹。郑和的墓在南京牛首山，坐东朝西，遥望"布哈拉王国"。1985 年南京政府重修过。每年开斋节，郑氏家族和众多回民都要去举行盛大祭拜活动。

二、郑和积极推行明初对外开放政策

朱棣在赐郑和姓的第二年，就委任他为下西洋"正使"，由此郑和开始了他气势恢宏的航海生涯。他尽力推行明"不穷兵，不疲民，而礼乐文明，赫昭异域"的对外开放政策。郑和七下西洋，共访问过亚、非 30 多个国家和地区。完全是和平外交，更是西方哥伦布航海炮舰政策无可相比的。郑和宣传大明天恩，不恃强凌弱，平等友好对待异邦外夷，和他们进行经贸活动，促进了海外各国、各民族的友好往来，推到一个繁盛的新阶段。可以说是 500 年前的一带一路的前驱者、创导者，从而对当时东方世界的历史发展产生广泛而深远的影响。

三、郑和七下西洋盛况空前

从明代茅元仪所辑《武备志》，郑和长达 28 年西行海事活动，完成了"昭来世，志武功""不辱命焉"的出色外交活动，是前无古人的航海实践盛事。

郑和下西洋基本航线以南京为起点，顺江而下，出长江口后沿海南下，沿中南半岛、马来半岛海岸，穿过今马六甲海峡，经锡兰山（今斯里兰卡）到达溜山国（今马尔代夫）。由此分作两条航线：一条横渡印度洋到非洲东岸，再北上沿阿拉伯半岛至忽鲁谟斯（今霍尔木兹海峡北部）；另一条航线从溜山国横渡阿拉伯海至忽鲁谟斯，以此为终点。而返航线则从忽鲁谟斯始，到江苏太仓入港回国。

四、郑和大型多功能远洋混编巨舰五个海船等级

1.宝船：旗舰。长 44 丈 4 尺（138 米），宽十八丈（56 米）九桅十二帆。其篷、帆、锚、舵非二三百人莫能举动。

2.马船：为大型的快速攻击和进出口货物运输的两用舰船。长三十七丈（115 米），宽十五丈（约 47 米），八桅。

3.粮船：为船队所需粮食、物品后勤船。长 28 丈（87 米），宽 12 丈（37 米），七桅。

4.座船：战座船。大型战船。长 24 丈（75 米），宽 9 丈 4 尺（29 米）。六桅。

5.战船：护航战船。长 18 丈（56 米），宽 6 丈 8 尺（21 米），五桅。

除上述主体船舶之外，还有淡水船及其他辅助船。英人米尔斯推算，载重 3000 吨，就是造船史上奇迹，达到 19 世纪世界木帆船建造技术的顶峰。当航行海外后，便开始"分综"，将整队改编为几组分遣船队，以满刺加（今马六甲）、苏门答刺（今苏门答腊岛西北端），古里（今卡利卡特）为基地，分别驶赴各地进行访问和贸易。舟帆相继，形成 50 余条区间航线，构成了南海、印度洋地区海上交通网，扩大了人们的视野，增进了亚非人民之间的友谊，其功劳善莫大焉！

八十六年前长武汉人志气的一场足球赛

　　足球发源于我国古代宋时蹴鞠游戏，近代足球起源于欧洲。武汉人"盘"足球早，当年是个时髦、玩味的行当。江城足球水准，中部崛起，颇负盛名。业内坊间人士认为，当年活跃在足坛几支雄鹰，教育界有：博学、博文、文华、育杰、省一中、武大、华师、华农。企业界有：邮工、肉联、武船。社会上还有：工余、中南。这些足坛精英，绿茵劲旅，每逢周日或节假日，都在武汉阅马场、省人民体育场足球场，或汉口粤汉码头江边足球场捉对厮杀。百姓免费观看，为武汉假日一道亮丽体育名片，培养了几代武汉足球人口。至今老球迷都能耳熟能详地说出当年球艺高超、显赫一时的球星。他们都有听起来毛骨悚然的绰号，如"万猴子"（万业文）、"陈跛子"(队医)、"黑人牙膏"（顾一查）、"大揣头"（周克显）、"独卵子"(考取武医)。

博学书院教学楼

博学中学校门（杨格非学院）

当年各校，公私立办学，各有特色。其中英国教会1908年办"博学书院"（英名叫杨格非学院），1928年改称私立汉口博学中学。1952年，改为市四中学。该校体育久负盛名。校内有两处标准足球操场，还有风雨操场、健身房、游泳池和篮球场10多处。博学足球队称霸武汉数十载，其中对外胜果累累，最可圈可点的是大胜洋人国际"红队"一场。

1933年，抗日烽火燃遍大江南北，多国军舰长期舶于江汉关畔，英水兵在长江里闷得发慌，经常到博学玩足球，几乎成了洋人足球俱乐部。鬼佬人高马大，对中国学生，认为瘦小文弱可欺，趾高气扬，不把他们放在眼里。可是博学校队是不可小觑的球队。他们在童子军教官指导下，训练有素，基础又好，士气正足。是年开春不久，英人海军陆战足球队下挑战书，要求礼拜天上午在汉口西商跑马场（今解放公园内）举行足球赛。博学队毫无畏惧迎战。一场引人注目的华洋足球赛就要开始了，当日聚集双方数百铁杆球迷驻足翘望。英军有备而来。这场赛事，特邀在汉多国洋人组成国际"红队"开战。球证裁判为西人K先生，他多次有意误判偏袒洋队，

武汉博学的老校舍犹存

155

引得500博学学子高喊："黑哨！！！"抗议场上他们凭借大洋马块头横冲直撞，冲垮博学队。中方则用小、快、灵战术，以虚避实，不和对方硬碰身体。结果上半时双方1比1打成平局。休息后，易边再

武汉四中老洋房很洋气

战，场面更为激烈，人仰马翻，终因洋兵平日生活无度，花天酒地，少爷兵，体力减退，跑不动，腿抽筋。博学队年方十七八岁，个个血气方刚，平日练耐力和速度，还要学"八段锦"工夫，洋鬼子哪里是他们对手。后半时，博学队连灌对方3球，洋红队仅扳回1球，大势已去，无力回春，总比分变成4比2，博学队取得完胜战绩，载入校史。给武汉人撑了面子，也大长了中国人民的志气！赛后双方还是友好握手，洋人也表现绅士大方认输。博学队员每人都讲地道正宗的牛津英语，双方在谈笑中走向英舰高级餐厅共进西餐。同学们大快朵颐一顿洋牙祭。熟练地运用左叉右刀的舶来外习，领口前戴上洁白餐巾，好像开了一场华洋共处的Banquet，气氛融洽，不时有人喊："Cheers!"最后在"天长地久"乐曲中散席。博学全队学子登岸凯旋韩家墩母校，其欢快之情是终身难忘的！

20世纪70年代初，我到市五医院检验科吴应生主任家造访，他的独苗吴瑞在我班上念书。吴老曾谈到博学足球轶事。当年博学同学穿的灵醒、阔气，一表人才，家庭殷实，多数为上流社会阶层。学校管理严格，课程除国文外，其他课本皆用英文原版，全校师生用英文交谈。全校"盘"足球，每班组队，且有图腾队徽标志队旗。"我是打'摆戈'（Back）后卫出身的！""博学足球打遍全市无敌手！""我在博学过得真快活，往事历历在目！"

汉正街新华机器米厂忆旧

　　位于江汉之滨、滠水之畔的黄陂县李家大湾为明清两朝运输大户，常年驾驰几百石大舸跑滠水、汉水、长江等地码头经商，后公路、铁路兴建，水路木船业倒闭，起坡创办大型米厂，组成碾米工业。民初汉口有米厂90家，由于采用蒸汽机、柴油机做动力，生产量大，利润丰。1923年米厂急增到181家，增加了一倍之多。1928年大舅父李威（辛亥先驱，北伐中将，

20世纪30年代汉口汉正街街景，青石板、霓虹灯历历在目。

抗日烈士）在汉口开创实业救国，与人合资办起新华机器米厂，成为大股东，特聘米业专家王俊文当经理。武汉沦陷后，大舅到鄂东打游击，担任"鄂东抗日第21纵队司令"，米厂交给二舅李焱三管理。

二舅父李焱三在抗日战争以前，在汉口汉正街接管新华机器米厂。米厂招牌是用白铁皮做的，约12米长，高1.5米，每个字1平米大，是用黑油漆写的颜体字，很壮实。没有落款。1981年汉正街成为小商品市场，我到汉正街去玩，还看见这块招牌竖立在大水巷的巷子口。

新华机器米厂门面约16米宽，深约100米，后面就是襄河×码头（几码头记不起来了）。

米厂前面是店面，卖的大米分三等，还有细米、糯米、绿豆、黄豆、芝麻。

前面柜台有一个先生收钱、记账。一个徒弟卖米，还有四五个妇女，身上扎围裙，坐在一起摘米：把米中的沙子、稗子、谷子摘干净。

全店占地约20米长，中间用白布与后面隔开。

机器房是扎米的地方，约有六七十米长堆码谷子、黏米和糯米。还有豆类，十麻袋一堆，分类堆码。

店内成天机器轰鸣，尘土飞扬，有二三十个工人工作。他们吃了早饭，八点上班。中午吃饭，下午一点上班，六点下班。

下班时身上都是一身灰尘，每一天还要站在街上拍打。

机器房的后面是厨房，占地面积约20平方米。

围墙外面是长堤，下面就是小河。稻谷是用百石大的木船运到这里，再由码头工人扛上岸送进米厂。

从船上把谷子运进米厂，汉水小河有70多步台阶，涨水最大的时候也有20多级台阶，每袋谷子足有200斤，当年码头工人是很辛苦的。

工厂七点钟就开门，有些贫苦劳动人民都是晚上下班粮店已经关门，只有起早买米做饭。一次最多买20斤，有的买两三斤，吃一天买一天。有钱的人家是一买一麻袋，要工人送到他家里。力资按米的重量，路程远近，由雇主与送粮工人当面谈好，归送粮工人所得。

工人们有家的晚上就回家了，家不在汉口的就上街去玩，坐茶馆可以谈心，听说书，讲的都是《七侠五义》《济公传》之类的长篇小说，还可以看皮影戏。看大戏如京、汉、楚戏，那是很难得的。抗日战争中武汉沦陷，生意难做，米厂终于被迫关门歇业。胜利后，二舅1947年在汉口中山大道市总商会旁开了一个成衣店，恒益机器军服装店。20世纪"机器"二字代表着生产力的先进，所以米厂、成衣店都要加上"机器"二字。大旅馆有电梯就是名牌了，如旋宫、德华、胜利、长江等四大高级名牌饭店。

汉口中山大道从六渡桥到江汉路是最繁华的地段，所以恒益的生意很兴旺。

门面不大，只有七八米宽，一排缝纫机，共四台排在右边。中间摆一张长方案板，是师傅为客人量体裁衣和女工锁扣眼儿的地方。靠左边墙是一排柜子，堆码着供客人挑选的各色布料。

铺面后面是厨房，二楼是卧室。师傅在下面开行铺，晚上店里上门开铺睡觉。

当年隔壁是汉口楚剧院，楚剧名演员都在这里演出过。锣鼓声、胡琴声、演唱声在店里听得一清二楚。店里的师傅人人都会哼几句。

店里的师傅都是亲戚，或是本村的人，如刘宗跃、李思贤、李遵梧……

解放后，实行布票制，按人定量，生意逐渐衰落而停业。后来公私合营，完全改制了，走上了社会主义公有制道路。

（吴旭东）（遗稿）

辛亥先驱，北伐中将，抗日烈士
李威先生肖像归来记

在 2012 年的某一次人文武汉网友的活动中，我结识了退休教师李遵厚老师，听说他父亲李威（字宜煊）是国民革命军第 19 军第 2 师中将师长，民国 17 年就驻防武昌，后来在抗战中以身殉国。因为历史原因，连父亲的一张照片都没有留下。哦！1928 年！19 军！一件往事涌上我的脑海。我平时喜欢武汉人文历史，搞一些有关武汉历史的文献收藏。当初在北京报国寺全国收藏交流会上，购买过 4 本关于武汉的期刊，可能会有相关线索，能弥补李遵厚老师的遗憾。

李威将军

这是 4 本国民革命军第 18 军、19 军两军整理委员会 1928 年在武汉出版的半月刊杂志。据收藏者介绍是从广西收藏品市场上购买的。这 4 本关于武汉的期刊引起我的注意，它们是桂系驻扎武汉时期发行的军事刊物。书中第一期有发刊词，内容涉及论文、时事短评、军中经验语、军事众谈、本会纪事等。特别是书中的本会纪事，记载有 1928 年 5 月至 7 月间的各种军事会议纪要，详细述写了时间、地点和参会军官姓名，以及对各类军事部门的人事任命。书中有所部 7 军、18 军、19 军各师在武汉的驻防地址、主要长官的照片，还有湖北省政府，汉口、汉阳、武昌等政府机关地址。我十分喜欢，虽然有些价高，还是狠心把它买了下来。转眼到了 2010 年，上海的类似交流会上，碰到一个专门收藏军事刊物的收藏者，他对这 4 本书的喜爱和诚心，以及收藏的专业，使我不得不忍痛割爱，与他交换了几件藏品。为留下武汉资料以备后用，在交换之前我有心把这 4 本书里的主要内容拍成照片。

北伐后桂系半月刊

回到家中我找到当时所拍的半月刊照片，一张张仔细查找，终于在半月刊第五期发现刊登有 19 军第 2 师师长李宜煊的戎装照片。当晚就在汉网人文武汉版块发帖传上相关相片。李遵厚老师看了帖子后很高兴，他将其从未见过的父亲照片放大，悬挂在客厅墙上，并在照片背后注明照片的来历小记。

去年冬天，李老师邀请我去他家叙旧。进门寒暄后，李老师要我坐在取暖器旁，亲手泡上一杯浓浓的热牛奶咖啡，在暖暖的氛围中交谈了三个小时，在临走的时候，李老师欲言又止地问：能不能将那 4 本书交换回来？因为这是记载他父亲经历的书刊，对他有着特别的纪念意义。我非常理解，但当时不能肯定，只能说尽力而为。

也许是缘分，也许是天意，当我费了一番周折联系上那位上海收藏者，向他介绍了李老师情况，他也很理解，愿意将这 4 本期刊交换回来。2019 年 4 月快递到了，7 年前从我这儿交换出去的 4 本半月刊又回来了，承载着更多的意义,那种兴奋无以言表。这 4 本期刊经过了 90 年非凡的经历,能保存到现在,归去来兮回到先烈后裔的手中,终于可以让李老师了却心愿,看到他父亲在武汉经历的记述,看到他父亲英容的原件,这是多么圆满的结局。书中有描写李宜煊师长在武昌平湖门内第二中学校驻防的报道,有在汉口俄国领事馆内召开 3 军整理委员会包括 22 位委员的集体照片。这些都是本身酷爱历史文学创作的李老师十分难得的珍贵素材,我深信李老师为此会有新的心得文章问世,为宣扬武汉人文历史作出新的贡献,我静心期盼着。

(刘汉桥)

桂系整理委员合影　前排左三抗日烈士李威将军

武昌保安街小学忆旧

　　武汉三镇之一的武昌，是座名副其实的历史文化古城。光绪 29 年（1903年）清廷颁布《癸卯学制》，张之洞开创大兴基础教育序幕，创办高、初两等小学堂近百所，仅城内即达 58 所。北伐军进驻武昌后至沦陷前，公私立小学增至 87 所。武昌办新学成为"文教倡明之区"，饮誉全国。民国教育部长蔡元培 1913 年视察武昌时亲笔题写"沔水钟灵，人文荟萃，江流览胜，庠序繁兴"一联赠教育界。其后武昌办学如雨后春笋。解放后中小学共有 52 所。

辛亥首义博物馆实景

武昌南大门保安门正街，是武汉三大正街之一。汉口有汉正街，汉阳有显正街，三街名传于世。保安街中段有一所历史悠久的保安街小学，它曾是闻名于市的省重点完小，是我的启蒙母校。民国十八年（1929 年）建校，至今足有 91 年校史。

沧桑砺洗的校史沿革

国共合作的北伐战争，攻陷武昌后第二年，1929 年即大兴土木在保安街中段 307 号新建武昌市立邻湖区第一中心国民学校，校长涂澧，中师毕业，开了 14 个班级，学生 472 人，教职员工 33 人。校内同时开办邻湖一中心国民小学附设幼稚园，教养员刘文芳，师范毕业。解放后改校名武昌第四小学，师生人数大增。"文革"后改为保安街小学，20 世纪 90 年代后沦为复兴路学区一所普通小学。历史沧桑巨变，昔日的邻湖一中心，武昌四小，栉风沐雨，风光难再，但学脉流长，在其数千保安街学子心目中母校和业师永远萦怀终生！

昔日恢弘、安逸、新潮的校园

附设幼稚园设在校门走廊尽头中，终日的风琴声和稚儿童真，给人清新、欢愉的情感。进校门右边跨过一圆形拱门，便是大操场，西头设有一升国旗石方台，旗杆约 20 余米高，操场南北各竖有一副小皮球门架。大操场西北建有一宽敞的风雨操场，可容纳 500 师生开会用，每周一的总理纪念周大会在此召开。东头建有舞台，上面可供师生会演之用。平时常放有一脚踏风琴，那是音乐老师马映白的专用之物。上音乐课时，学生全部坐在台下泥土地上，四季皆如此。风雨礼堂高大亮堂，屋脊和脊檩全用巨大红松木构成，坚固耐用。此堂之北便是校政厅，南北用大玻璃作窗格，很气派漂亮。这是全校教师办公神圣殿堂，学子是非请莫入的禁区。校政厅楼上便是一排教师男女单身宿舍。校园北部便是两层砖木结构教学主楼，坐北朝南，光线充足，南边走廊宽敞，粉墙红瓦，窗明几净，是当年大型新潮教学楼洋房建筑物，可供 16 个班级使用。校园最北区便是一排平房，作为教工食堂和外地教工宿舍。整体校园占地数十亩，规划合理，是当年武汉一流校园蓝本。

校风、学风、教风涓滴

邻湖一中心学子校服很别致，男生一律穿黑学生服，女生着阴丹士林蓝上衣，下穿黑裙，白袜。夏装男生可穿童子军斜纹布军服，腰扎"智、仁、勇"铜头皮带，还要系上警笛，一律平头。女生则穿阴丹士林长旗袍。每人左胸上佩上白色长方形"邻湖一中心"校徽，个个神气十足，温文尔雅，显得时尚而秀气，尤其是女生白袜子、黑布鞋，一袭刘海，明眸素颜，笑靥犹存，好一个青春靓丽群体。每日八时全校齐聚操场，举行升旗典礼。我班高个子袁杰主持，邱保林任司仪，邱口齿伶俐，声音洪亮，全校师生齐喝"三民主义，吾党所宗……"歌声中，童声汉腔楚韵，稚气天籁之声飘荡保安街、巡司河天际。涂澧校长抓教学是个行家，他从备、教、改、导入手，教学质量尤得上峰首肯和社会好评。威严的胡连教导主任，写得一笔好字，每周小黑板上教务日志书法漂亮、周正。金华溪老当益壮。张效英中师毕业，颜值高，浓妆艳丽，我班语文兼级任老师，尤得同学好感，后来听说嫁给国军连长。黄老师多才艺，教劳作课，教我们用

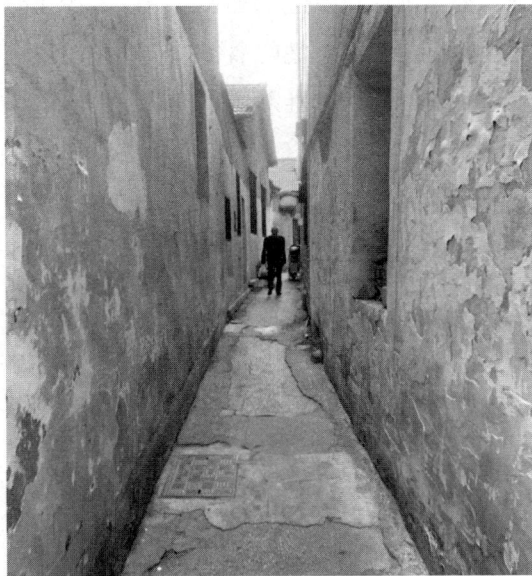

保安街广里堤陌巷静悄悄

黑布瓦篆刻，后来调任武昌区文化局领导。教童子军体育的教官黄镇国，讲国际童子军轶闻和野营谋生本领，他讲棒球规则，他组织各班小皮球队。当时男生上学，除背书包外，右手每人提一自编小网袋，内装一永字牌小皮球和一方砚盘，成为上学、放学时保安街上的一道风景线。陈庆春科任数学教师，中师毕业是我叔婶，业精于勤，终身专教1—6年级算术课，能打通关，深受社会各界好评。教自然课兼校医的范老师，他培训校铜鼓乐队，在武昌区很有名气，为校精气神大作为争光添彩。打铃的校工冷师傅，敬业、准时，深受广大师生好评。仇汝秀治学严谨，教育有方，将一双儿女及无数学生培养成才。失学青年代课教师刘东山先生，后来考取"国师"，可惜英年早逝。这些燃烧的"红蜡烛"，照亮了保安街，启迪了几代人的心灵，为国为民培养了数万茁壮幼苗成长。

百年学子的鎏金岁月，学脉洪流传承

近一个世纪的办学经历，保小数万名学子在建设、保卫社会主义祖国中都像革命的螺丝钉。人人豪情壮志，繁星灿烂点缀辽阔楚天苍穹。青少年时期在校鎏金的激情动荡的日子，永远定格在脑海记忆的潘多拉宝库中。还记得吗？每天升、降旗情景；周六下午大操场校队大胜别校小皮球邀请赛的场面；音乐课坐在冰冷黄泥地上听马映白老师教唱《长城谣》《松花江上》《夜上海》《满江红》《国魂》等通俗名曲……那年、那月何曾忘却？

曾记否？上算术课前，打预备铃声后，全班齐诵乘法表歌诀的壮观："一一得一。一二得二。……二五一十。三五一十五。……八九七十二。九九八十一。"

怎能忘"吃笋子炒肉"的滋味？错一道算术题挨一竹板，痛得钻心，赶紧用砚盘贴手，降温减轻疼痛。

还有人生首次集体喝牛奶的美滋滋感觉，那是联合国救济专署舶来的洋奶粉。校座掌勺，在校门口从大缸舀牛奶倒给手捧搪瓷缸排长队的学子缸中，喜气盈满校园。

时光倒流的闸门抽闸栓，保小学子迎解放，首次高唱"起来、不愿做奴隶的人们""没有共产党就没有新中国""解放区的天是明朗的天"，首次学会打腰鼓、跳秧歌舞，激情燃烧的日子，恍如昨。

更有甜如蜜的情感，还记得吗？新中国第一批戴上红领巾的少年，真荣光呵！"我们是共产主义接班人"队歌至今还会唱否？

追思往昔，一切的一切，不胜感慨至极。保安门正街辛亥首义战斗之地，保安街小学在时代风云变幻中风雨同行。奋斗、发展，学脉绵延传承，几代的数万保小学子是个优秀群体，将会在新时代站在潮头，奋然砥砺前行。

我心点赞！

我心释然！

汉口张美之巷李永泰牛皮坊忆旧

　　清朝末年，汉口镇得天独厚的地域环境，水陆两便，交通十分发达。各地士农工商从四面八方云集这里，又因有五大租界，华洋共处，工商发达，不仅有"九省通衢"之美誉，而且还有"东方芝加哥"的雅称。汉口镇邻近乡县人民趋之若鹜，黄孝两邑有识之士搭上木筏就可经府河、后湖直抵汉口六渡桥谋生。当年我曾祖父李新发大人，在黄陂县王家河冯家桥李家大湾读完私塾四书五经，而且还练得一身好武艺。为了发扬耕读传家精神，只身闯荡大汉口，蒙承祖训，励精图治，力图家族中兴，报效梓里，效忠国家。

李家大湾李氏后裔祭奠李威将军（左三为本文作者李永忠）

曾祖父李新发上汉口眼观百业，就选中汉口新新的牛皮行业，在汉正街和长堤街交界处建立了一座大型的上规模的永泰牛皮坊。牛皮坊是专门将生牛皮加工制成熟牛皮制作皮鞋、皮箱、皮件等的作坊。当年在单洞门和精武路一带有 20 余家江浙人开的作坊。在居仁门、崇仁路一带有七八家本地人经营的小作坊。也有少数大户还兼做皮鞋厂、店。牛皮还是出口商品的一宗，赚洋人的银子，于国家挣回外汇，与国于民皆可圈可点。

永泰公后裔李永忠开办公司

先祖李新发的永泰牛皮坊经营和发展颇有成就，在汉口工商业界，以诚信为本，以质量求生存，受到各界和业内人士信赖，牛皮行业如日中天，日进斗金，为我们家族中兴作出了巨大贡献。牛皮行主营皮革制品，毛皮加工及制作的产品不仅在圈内有良好声誉，而且与英商、德商礼和洋行搭成伙伴，产品销售到英、德等国家。当年作坊集中在牛皮巷、后花楼、蔡家巷、三新街一带，见证牛皮行业极辉煌鼎盛时期。好景不长，1934 年汉口市政府因 34 户作坊污染过重，责令熏皮作坊集体搬到铁路外滑坡路一带，牛皮坊生产、经营皆受挫，损失颇大。1938 年因日寇入侵，武汉沦陷，汉口牛皮业和全市工商业再次受到巨大损失，牛皮行业辉煌难再。我们家族，曾祖李新发几十年辛苦创业的巨大成

永泰公后裔

就付之东流。其后代数十人，各自谋职业为生，但祖训家风"扶弱济贫，不媚富附世，甘守清贫"代有传人，只是再无人涉足牛皮行业了。

老李家耕读传家，实业救国的精神还在路上，不曾停息。李门19世孙李永忠，在黄陂区开了武汉市鑫鹏渤建筑工程有限公司和武汉市永忠诚实业有限公司，作为两家民营企业负责人，兼任黄陂区工商业负责人，区人大代表。身兼数职，为人民服务，继承牛皮行业先辈遗训的经商之道的传承，至为重要！

李新发牛皮行传人，已历经五代，家族或兴或衰的历史，完全是一个艰辛的、奋斗创业史。李家牛皮行家训是厚德传家，忠孝为本，诚信为先，团结为善，后代传人定要牢记家训，奋斗不止，为进一步发扬实业救国精神，让家族发达中兴，使家梦融入国梦中而终身奋斗！

（李永泰嫡孙李永忠）

陇西党李氏族人在故乡李氏茔园谒先祖抗日烈士李威将军（前排左四为本文作者李永忠）

（跋）

人生永远没有太晚的开始

己亥年初夏，接李师电，获悉其作《文史钩沉录》即将付梓，嘱我写跋。受此托，心内惶恐，岂敢为师作跋，然师意难拂，只得躬身领命，爰笔为跋。

李师乃我授业恩师，高一时是我市三十二中的班主任兼语文老师，得其教诲，受益良多。一年后李师调走，从此失去李师的音讯，直到 2007 年在董玉梅女士《百姓回忆》作者座谈会上与李师重逢，其间算起来竟有 30 余年未曾照面。时光荏苒，岁月匆匆，曾经的人与事如过眼云烟，大多消失于匆忙中，但李师那俊朗的外表与广博的学识镌刻脑海，终身难忘。自与李师重逢后，李师就成了武汉图书馆常客，看书、查资料、咨询疑难，我时常看见他忙碌的身影，让我这个学生既感动又汗颜。其间，李师也时常问及我的工作、生活和学习，嘱我多看多写多出成果，让我感动不已，得师如此，我之幸也！

李师文史兼修。在华师大学时先师从我国著名史学、文献学大家张舜徽先生，在张先生的督导下，打下了扎实的史学根底，后得国学大师石声淮、邢福义等先生提携，于国学有所增进；工作后，为丰富教学，他广读文史，举凡能搜罗到的文史著作，无论正史、野史、演义、传奇，还是诗词歌赋，皆爱不释手，仔细品读。故李师对于中国历史、轶闻掌故如数家珍。退休后，李师文史相伴，在八十高龄之际，欣然提笔，效法太史公，"力图袭用历史大散文叙古今，从往事沉浮中，享受人生悟道的真谛和乐趣""成一家之言"，以《望江斋三部曲》为名出版（现已出版之一《武汉琐忆》中国文联出版社、之二《荆楚轶事录》文汇出版社），在武汉地方史界好评如潮。

《文史钩沉录》乃李师又一力作，亦是望江斋三部曲之收关作。全书汇集李师 2018 年—2019 年间撰写的约 50 篇文史散文，分辛亥风云、煮酒论史、闻人春秋、往事漫忆四部分。其作纵横捭阖，谈古论今，从武汉到台北，由《史记》到辛亥，人物典故、地名沿革信手拈来，习事杂俗、轶闻趣事娓娓道来，处处闪烁着李师深邃的思想与智慧。

我喜读李师文章，其文无论叙史还是忆事，皆见识卓荦，且多喜从细微着手，由身边人、身边事落笔，既引读者共鸣，又达"见一叶而知深秋，窥一斑而知全豹"之功，如《汉阳三槐岭今昔谈》。李师长居汉阳，对汉阳尘俗了然于胸，由"三槐岭"方位入手，引出"三槐岭"之典故，再述"三槐岭"之形成与毁建，最后落脚王氏后裔王扬伯及其商业经营。同时，旁及汉阳西教、西医。沿着李师笔墨指引，读者不仅能品味三槐岭的前世今生，亦能领略汉阳城的风华绝代。李师先公出身军旅，抗日烈士，青年时却有实业救国之志，李师通过《昨日武汉牛皮行业话沧桑》《汉口张美之巷李永泰牛皮坊忆旧》《汉正街新华机器米厂忆旧》三文，回顾其父办厂之艰辛，介绍家族生活之轨迹，阐述武汉牛皮业早期发展之梗概。于锦绣篇章里，可见社会的发展、城市的变迁以及寓意其间的家国情怀。

李师写书不为名利，只为责任，只为文化的传承，常说："为后代多留下精神文明。"即使多次中风，多次住院，他依然坚守责任，默默耕耘，写下百万言的"望江斋三部曲"。这份执着与奉献，不仅激励着自己，也影响他人，凡是在李师身边的人无不对他肃然起敬，并受其感召，行走于三镇大街小巷、犄角旮旯，探寻武汉历史轨迹，为江城文化添砖加瓦。

李师热爱生活，有仁者乐山、智者乐水之好。安居朝宗门，近观龟山，远眺长江，"仰望晴空无际，俯听川流有声"，撼怀蓄旧，发古今之思；游历山川，纵情域外，放歌边塞，吟游子之歌；含饴弄孙、烧菜煮饭、飞针走线，尽享天伦之乐，怎一个"幸"字了得。

有人说：人生永远没有太晚的开始！李师不正是如此吗？我想，以一位 80 余岁高龄老者，没有对历史与文化的挚爱，没有对武汉的那份真情，怎能有"衣带渐宽终不悔，为伊消得人憔悴"的追求。

愿《望江斋三部曲》永流传，愿《文史钩沉录》名万代！

学生：杜宏英

2019 年夏于武汉图书馆

杜宏英：武汉图书馆研究员，从事文献搜集、整理工作。参与《湖北竹枝词》《汉口宁波帮》《武汉史料篇名索引》等图书的编写、辑校，先后在各种报刊发表文史专论文章数十篇。小杜师从武汉文史大咖徐明庭君，受其教养，专心栽培，学术成果累累，为徐老关门弟子。